我就想去看看那幸福的人群

（韩）金宣佑/著　　周 怡　李道逵/译

SOMETIMES
LEAVING
IS JUST IN ORDER TO BETTER
COME BACK

北京联合出版公司

序　言／1

有一年在越南旅行，长途的夜车从胡志明市一直开往芽庄，那是青春年少时的第一次长途旅行。因为失眠，我时常在夜行的巴士或者飞机上整夜看书，中途停在了陌生的小镇休息，游客三三两两地下来抽烟，这里面有年过半百的老人，也有大学刚毕业的年轻人，他们从不同的城市来到这里，相聚于这辆开往芽庄海边的夜行巴士。抽完烟继续上路，不一会儿就看到了海岸线，月光把不远处的海面照应成了一条白色的丝带，星空就在头顶，忽隐忽现。我想，如果可以，就这么和爱的人在异乡的大巴上睡过去，也是一种幸福，那是一种流离感，像是找不到灵魂的彼此丢在异乡的星空下，孤独又温暖。

小时候一心想离开我的老家，那不是一个山清水秀的地方，只不过是父母下放的一个通商口岸，能去到的最远的地方也无非是搭船去到武汉而已。高中时便选择了在离家半个小时巴士路程的学校住读，接着变成了一个半小时车程的大学，再接着是航程一个小时十五分钟的上海，和家人相聚的时间从一天变成了一周再到一年。时常行走在外，偶然遇到某个相似的巷弄，在夜里被路灯截成明暗的两半，会突然怀念起家乡那条无数次来回往返的街道，它也曾因为光影相伴而富有韵味。而那些在异国风情里寻常生活的人群，也因为有了某种相似的神情而成为入画的风景。再后来因为各种理由不断起飞降落，在陌生的地方经过停留，搜集了地图上每一寸短暂的光阴，累积相片里每一次的风和日丽，却总是在时差的失眠里，在认床的辗转里，挂念起生命出发的方向，无论身在地球的哪一半，也不问在子午线的哪一边，那都是我唯一仅有的坐标，是我之为我不必辩驳的根本，只要闭上眼，就能看见。

也许人这一世不停地启程出发，不停地短暂相聚继而别离，不过是为了明白灵魂的归宿不在此处彼处，而只在它最初投身的地方。

有时候，出门不过是为了归家。

阿 SAM

《去，你的旅行》作者

序　言 / 2

放下写好的第三部长篇小说，我迫不及待地打点起行囊。

我想歇息了，我有些累了。

这个念头蹦出的瞬间，我推开落满了灰尘的壁柜，脑海里闪现出几行诗句：“我曾无数次想象，自己一个人，两手空空，来到一个陌生的地方，谦逊地，或者说落魄地过活，埋藏过往的‘秘密’。”

让·格勒尼耶的文字从壁柜里跳出来的那天，我便决定旅行了。

是背红色背包好，还是藏青色的好？我一边研磨咖啡豆，一边纠结着此类琐事，我给自己留了张纸条：

“为了更好地回归，出发吧！”

常常觉得，成长也未尝不是件好事。每个人都有自己珍爱的角落，当我们被赞美或是自己需要小憩一下的时候，便越发觉得这一隅之地甚是可爱。青春时节总是遍布着假象，明知所有的爱、愤怒、绝望已无法承受，但只要在疼痛的时候仍感到一丝快乐，便会告诉自己，这才是真实的证明。哭到声嘶力竭、浑身无力的时候才知道骂自己，告诉自己要筑起心墙分清所有的真实与虚伪，但又总是苦于没有时间。

但是，这就是青春之所以名为青春的理由。当青春逝去，自己慢慢学会掌控情绪，也才能看清自己的能量，明白自己还需要充电和完善。年轻的时候不论去哪里，去任何陌生的地方，都无所畏惧，即使用纱布缠住脚，依然会矫健地踩到滚烫的石头上，像探险一般，又像跟自己作战。越是陌生的境遇，越有一种奇妙的魅惑力，让人想去经历和感受。虽然现在精力不及从前，但仍想抛开时间和空间的束缚，投入一次旅行，并不强求要从旅行的地点获取什么，只是想懒懒地收拾好行装，然后头也不回地出发，就像一场痛快的表白。

我想歇息了，我有些累了。歇够了，然后痛快地生活。好的，我明白了，歇够了，然后痛快地去爱。

因为对人生的热爱，人们出发去旅行。这是件幸事。

一点点，沧海一粟般的一点点，我们希望生活变得更幸福那么一点点。生活不是件轻松的事，但我们却从未放弃想要变得更幸福一点的追求，这难道不是一种伟大的努力吗？真是有收获的一天呀！

要去哪里呢？当下定决心出去走走的时候，我开始每天摆弄起书桌上的地球仪。但这一次，就算我不整天像个钟摆似的围着地球仪转，我也清楚自己最想去的地方是哪儿。在浩瀚都市面无表情的人海之中，我像那眺望着彩虹另一端的多萝茜一样，小声地自言自语：

“我想去看那幸福的人群，我想去黎明之城。”

是的。我想去的那个地方，每个人都能跟随自己的本心自在地生活，周围邻里友善和睦彼此祝福，在那里，身体和心灵能得到宁静的休养。我有时候常想，如果幸福也能被传染，那该多好。这世间无处不在的冷漠、无尽的绝望，让人有时感到虚弱无力，如同尘埃坠入泥土，陷入冰冷的绝望。我常常感到无助，怎样逃离这样的困惑？幸福的触角醒来的时候梦想才会延伸，什么是幸福？当你无心思考的时候，便是梦想丢失的时候。没有梦，没有幸福，人生的意义何在？

所以，去黎明之城吧。

很久以前曾经去过印度旅行，要回国的那天，起了个大早来到钦奈机场。猛地想起这儿离奥罗村应该不远，一打听，大概是 4 小时的车程。我坐上一辆的士，驶向本地治里。到达本地治里，一位老车夫说他知道去奥罗村的路，于是我坐上他的“摩的”驶上了一条乡间

NO
VEHICLE
CYCLE
PATH

小路。瓦红色的土地绵延在路的两旁，还看见了在印度并不算多见的枝叶繁茂的桉树林——这便是进入奥罗村了。过了那片郁郁葱葱的桉树林，我让车夫停下车，因为突然感到这样浮光掠影地匆匆一瞥并没有太大意义，倒不如将这份神秘留给以后去解开——这种念头轻柔又强烈地冲击着我。我默默地接受了这个建议，让车夫掉转车头原路返回，因为预感今后定有重返奥罗村的一天，便不觉得有太多遗憾。就这样，8 个多小时的时间，我重新回到了钦奈机场。不大的钦奈机场，并没有太多东西可看可赏，我一边无聊地打发候机时间，一边盘算着何时才能重归奥罗村、重归印度。当然，这样的想法是得不到答案的。

纵使有千般好奇，却不想贸然前往，异彩纷呈又舒适闲散之地，充满着无尽的诱惑，只等着最最相宜的相遇时节，默默传递着彼此心灵的感应，就是这样独特的旅行之地——奥罗村。

在这个地球上，任何一个国家都应该有一片无国界限制的疆土，让善良的、真挚的、热情的地球村人能够在这里自由和平地相处，将真理当作至高无上唯一的权威信奉并服从——这样一片疆土，不管在哪个国家都应该存在。

这个地方，是和平、统一、和谐的集大成之地。在这里，人们所有好强的本能只会用于克服痛苦和不幸、懦弱和无知以及自身的限制和无能；在这里，所有对进步的关注、灵魂的要求、欲望的满足、快乐的追求、物质的占有都不足为道，因为这里是个友善的地方。

在这里，孩子们自由茁壮地成长，而不会丢失自己的灵魂和灵感。学校教育的目的并不是为了通过考试或是获取资格和地位，而是为了培养自己的能力，并且习得新的技能。

在这里，没有职位高低之分，人们自觉按照事情的需求进行志愿服务。身体需要的所有东西都将公平地提供，人们不强求从集体中获取智力、道德、心灵、能力以及人生的快乐与权力，只为尽自己的责任和义务。

所有的人都能均等享受绘画、雕刻、音乐、文学等艺术形式的美丽。这样的欣赏机会并不取决于各人的社会地位和经济能力，只取决于各人的接纳水平。因为在这样的理想社会，金钱不再是支配一切的指挥棒。

与物质上的富裕、社会中的地位相比，这里更加强调每个人的优点和长处。工作也不再是为了生存的必需手段，而是发自内心意愿为他人奉献的服务以及展现个人能力与潜质的工具，工作的最终目的是为了让个人得以生存并能够施展才华。

这里不是繁杂的竞争和斗争之地，而是充满为了向上和合作而滋生的善意竞争以及真挚友爱之地。

当然，目前世界上并没有实现这样理想的条件，如果人类尚不具备理解这个理想的知识，便自然不会拥有去实现这般理想的意识和能量。这便是称其为梦想的理由。

但是，我们正为实现这一梦想而努力着，我们在奥罗宾多修道院里作了小规模尝试，虽然称不上完美，但可以继续向前迈步，不断地向着目标迈进。总有一天，我们会从现实的混沌中解脱，用实际且有效的方式，迎接凤凰涅槃般的新生，向世人展现我们的梦想。

——*A Dream*（一个梦想）

之所以产生一定要去趟奥罗村的想法，是因为10年前看到B5纸张上的这篇《一个梦想》。

1954年，一个女人曾说出了这样的梦想。1954年，世界从火海里解放出来，陷入冷战的僵局。经历过那样冷酷的岁月后，20世纪60年代开始出现全世界青年振臂高呼、分享鲜花和亲吻、共享爱与和平的浪潮，但这些都是后话。20世纪50年代，那个国家主义森严横行的时代，“将真理当作唯一的权威”的表达正用一种奇妙的方式默默传播着无政府理念的宣言。

这一纸文章深深吸引着我。

这个女人便是这美好梦幻的发现者。她是印度诗人、思想家室利·奥罗宾多的得意门生。室利·奥罗宾多曾说：“她是与我有着相同灵魂、不同身体的人。”她的名字叫米拉·阿尔法莎。就像德兰修女一样，在印度，人们通常把受人尊敬和爱戴的女性称之为“妈妈”，于是人们便将奥罗宾多修道院的修女和这位女人称为“妈妈”。奥罗宾多去世之后，这位女性为实现他们共同的梦想开始作准备，并发表了这样一番言语。这样的言语中透露着强烈的实践意志，其深藏的能量也开始传播开来。对这样的梦想产生共鸣的人们开始聚集，于是便有了奥罗村——这圆梦之城的出现。

世间梦想之城，奥罗村的起步就已经足以让人满心期待。一个人的梦想或许会仅仅止步于梦想，但很多人的梦想或许能为世界开启一扇窗。渐渐习惯了绝望和放弃，认为这是人生的常态，于是这样的梦想便更让我们的心灵为之震撼。这样一番话语像一件可爱的礼物般，让人满心欢喜。想涉足尝试不一样的人生，不承想一不小心便会走得摇摆不定，踉跄不堪。面对艰难的现实，不抛弃不放弃的心态也许会让一丝一毫的希望变成救援自己的金钥匙，我这样思量着。

我以为，这世上越来越缺乏神秘感其实是件可悲的事。

“人类所经历的所有，最美丽的便是神秘。神秘感是创造艺术和科学的起源。执迷于揭开事实真相的科学家们，最终无法用清澈的双眼看清这个宇宙。”

我很欣赏拥有大智慧的科学家爱因斯坦的这般态度。我对他的仰慕不是源于这个天才科学家所发现的重大理论，而是他在宇宙和地球的神秘面前所表现出的谦逊，他实际上是一位自知而有魅力的梦想家。如果失去了神秘，人类堕落的速度会加快吧。

但我并不赞成过度的神秘主义。任何时代，过分排他的宗教和神秘主义总有迷惑人们的嫌疑。

我特别排斥“真理只有一个”的“绝对”世界。我的宇宙观接近于泛神论，允许各式各样的真理存在，相信世界的包容力越强，越容易达成世界和平。世间万物皆神圣，在人类的生命中都有可能存在佛祖、耶稣、圣母马利亚、克利须那神等形态。

所以，奥罗村妈妈所说的“将真理当作至高无上唯一的权威服

从（obey one single authority, that of supreme truth）”，我虽然不能认同，但她的话却又分明撼动了我内心深处的世界。

事实上，奥罗村妈妈的梦想算不上首创。历史上将美好、正义、友善的社会当作理想追求的人千千万万，又有多少可爱的傻瓜为了这样的梦想费尽一生心血？在这数不胜数的“梦想”和“夭折的梦想”中，奥罗村之梦之所以让我怀着无比的好奇，是因为奥罗村这样一个依据梦想建造的共同体从萌芽开始，经过40多年的风雨一直在成长壮大，这样的故事怎能不叫人感动？

他们提着几麻袋铁锨来到南印度孟加拉湾的偏僻荒芜之地开始

种植树木，建造用以修养性情的冥想场所。来到这里的人们虽然各自有着不同的信仰，但是秉持共同的信念：人生最重要的东西不是肤浅的、物质的表象，而是内心的平和和灵魂的成长。从资本权力和政治权力主宰的世界中解脱，将世界从世俗的权力中松绑，让住在这个共同体中的人们享有自由、幸福的空气，提升每一个人的幸福指数——为了打造这样的艺术社会，怀抱着同一个梦想的人们聚集起来了。而我，想在这里栖息。现在是时候了。

到达奥罗村的半个月里，我没写任何东西，一直在玩儿，连最简单的随记和日志都没有写，而半个月不写不看对我来说是件非常稀罕的事情。在奥罗村里疯跑，在树丛里迷路（就像生活中找不着归路一样），看着素不相识的路人送来的温暖微笑，这些已足以让我感到幸福。

但我还是想记下点什么。把笔记本放到膝盖上，突然间像陷入了另一个时空一样，进行着一段时光交错的旅行。徜徉在旅行中的另一段旅行里，可能是写东西的人所谓的“职业病”吧。

事实上，对于一个作家而言，旅行其实是另一种形式的文学。

文学即梦想，旅行激发着梦想，文学是人类不放弃希望的一种自我表白。人类常常会绝望到想要放弃，这时，文学带着对人类的同情，肩负着重燃人类希望的使命诞生，最终成为人类相互理解、重拾希望的钥匙。我热爱文学这门具有使命感的功课，而旅行又是延续这门功课的学校。这部散文便是在这所学校的一间小教室里成长起来的。

这期间我虽然去过很多地方旅行，但一直没有留下只言片语的旅行随感。我一直认为，诗和小说能让人身临其境，是传递旅行感受的最佳方式，我并不认为还需要用散文的形式去表达，但在奥罗村的旅行让我的想法发生了转变。人们追求着同样的欲望，整个社会的欲望是何其一致，这是我到奥罗村后最深切的感受。世界越来越绚烂多姿，而我们的生活方式却为何越来越单一？不知从什么时候开始，我们便错把“别人的欲望”当成“自己的欲望”生活着。现如今，我们社会的问题不是主体的过剩，而是主体的缺失。曾经繁华的街道上随处可见关于“我”的广告牌，什么时候开始渐渐找不到“我”的踪影了呢？对“我”的失踪感到不安的同时，也害怕自己会跟别人不一样，这仿佛是个走不出去的怪圈。在这没有出口的怪圈里怎样才能找到自

己？抱着这样的疑问，我们何尝不想窥视一下别样的人生？说得更直白一些，旅行散文便是一种“带着稍微健康的意图”来窥视别人生活的形式。透过这样的窥视，也许我们的生活会打开几扇新的窗户，发现与现有社会所要求的方式截然不同的人生和幸福。

对，我是在写书的序言。这本书并不是奥罗村的旅行攻略，如果您需要找寻奥罗村的出行帮助，或许可以借阅一下别的书籍，因为此书几乎不会为您提供太多有用的信息。并且，此书不是奥罗村的研究或者批评类书籍，如果您需要此类的素材，我想，您直接到奥罗村生活一段时间会更有帮助。我认为那些应该是对这块土地抱有感情、长期守护或者正在此生活的人才有资格评说的东西。

我所企盼的，是发现并找出奥罗村在混沌现实中得以保存和沿袭的法宝，为我或我们所用，另外，将我在奥罗村体验过的有意义的瞬间用文学的形式进行串联和重现。通过这样的重现，唤醒每个人心中深藏的梦想，并激发出为之努力的意志。

现在，各位读者请跟随我开始旅行。希望这次旅行会把我的、您的、我们的“幸福的触角”唤醒。

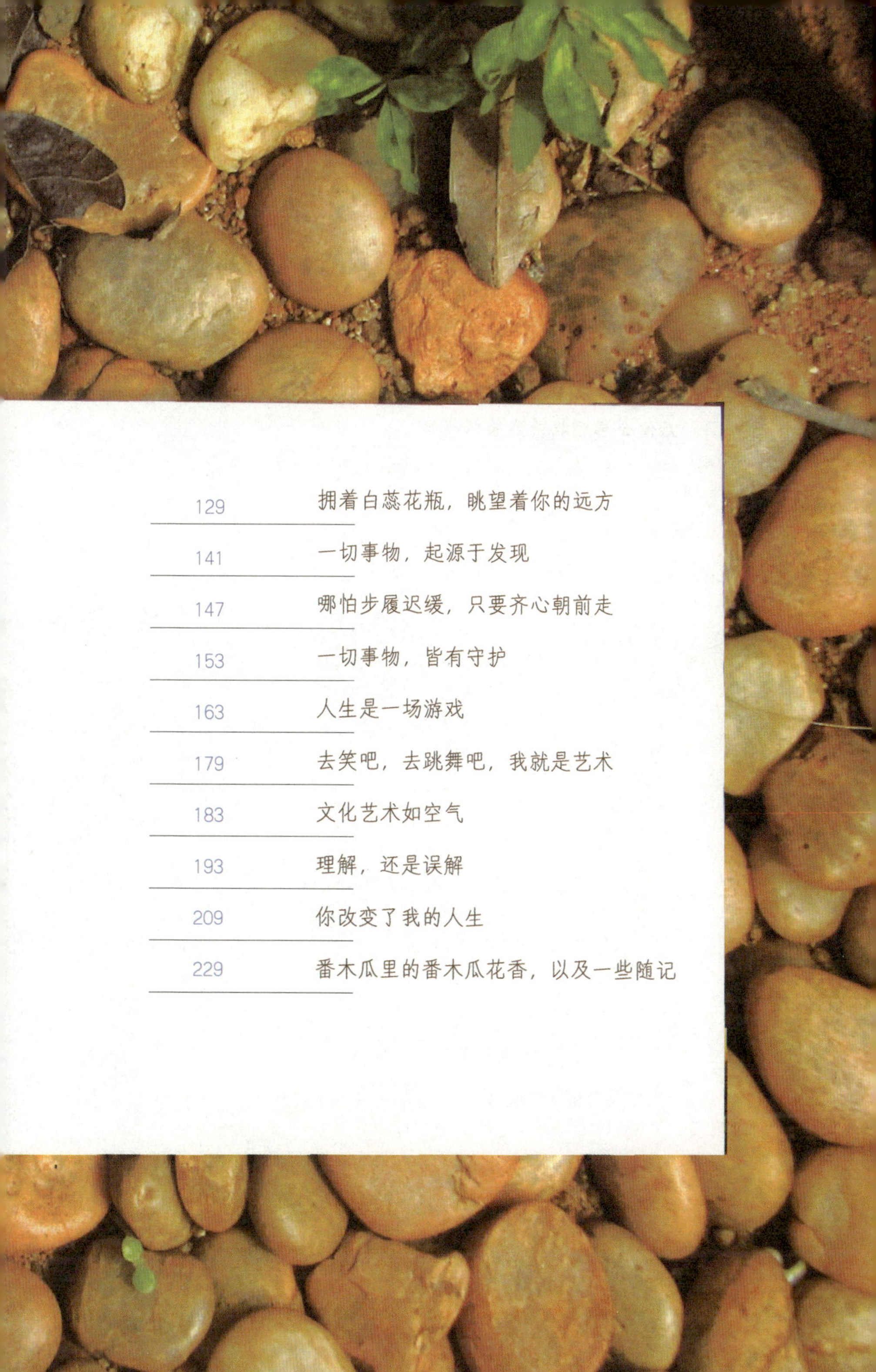

我们那在都市文明中的病体或是没有意识到病痛的心灵在印度会用一种特殊的方式苏醒。当旅行者看清自己的伤痛，印度之行便会感到疼痛。但是，直面过生之伤痛后便会渐觉自由，疼痛过后便会感到收获成长的喜悦。

我心中的地图

3年后，重返印度。深夜1点，一到钦奈机场，扑面而来的便是南国热腾腾的气息以及印度特有的味道。由煤气和各种香料的气味、人的气味、牛和狗等动物的气味混合在一起的奇特气味不断冲击着我的嗅觉神经。这是个阴天。从出入境查验台出来的瞬间，我不禁停下脚步闭上双眼，慢慢地做深呼吸。一次、两次、三次……如同到达旅行地之后的见面礼仪一般。到达一个新的地方，用轻轻的脚步敲开大门，祈盼自己这个异乡人会得到宽待，想到这里，我屏住呼吸。

去过印度旅行的人都会有同感，印度之行并不是“浪漫的亲密接触”。到印度旅行似乎是会让人疼痛的事情。身体的疲劳暂且不提，每天看到的风景总让心灵和灵魂受到撞击。我们那在都市文明中的病体或是没有意识到病痛的心灵在印度会用一种特殊的方式苏醒。当旅行者看清自己的伤痛，印度之行便会感到疼痛。但是，直面过生之伤痛后便会渐觉自由，疼痛过后便会感到收获成长的喜悦。印度旅行之所以常常被称作“巡礼”，我想，便是出于这样的道理吧。

印度，很长时间以来一直给人们的感觉便跟“浪漫”一词搭不上太多关系。奥罗村给我的感觉是一个既不像印度但又很具有印度味道的奇妙之地。就这样，怀着略带浪漫的憧憬，我从机场走了出来，但是，迎接我的却是让我感到惊奇和意外的奥罗村出租车司机。

钦奈国际机场比较有小城市机场的感觉，灯光昏暗的航站楼狭窄压抑。穿过正在施工的逼仄走廊走出机场，我便被南国的黑暗包围。对了！现在是深夜。按照当地时间调整了手表的时间后，我不禁有些紧张起来。从机场到奥罗村要坐 3 个半小时的出租车，而这段时间只有我和出租车司机独处！

机场出口挤满了拿着写有名字的接机牌的当地人。我推开各式各样的牌子出来寻找事先预约好的出租车司机，可是万一他没来怎么办？就算来了，万一是个很凶的人怎么办？还不如干脆在机场过夜，等到早上再动身出发吧。为了不浪费一分一秒的时间，我当初做了连夜赶车的决定，现在真的有些后悔。但在这时，我的眼前突然一亮，一位衣着整洁干净，手里拿着白色图画纸，上面用韩文写着我的名字“宣佑”的年轻男子正朝我大方地微笑。

他穿着像是刚刚熨烫好的、没有一丝褶皱的白色衬衫和白色裤子，在一群等候的司机中显得格外干净端正。看见他的瞬间我便暗自在心中言语：他会不会就是来接我的司机呢？没多久，我满意地舒了一口气，原来他就是接我去奥罗村的出租车司机啊！

这位年轻的司机名叫木提。他把我的行李放到行李箱，然后给我调整了后座位置，还仔细询问是否舒适，这些细致的言谈举止充分

显示了他作为一名奥罗村司机的骄傲。这是一种深深热爱自己所从事的工作的人才会有的表现。后座干净的沙发上散发着茉莉花的清香。我倚靠着沙发安心地合上眼睛，之前紧张的情绪已经消散得无影无踪，顿感疲倦来袭……

“你是怎样一下子认出我来的？”“来奥罗村的客人总有一种特别的气质。”“哦，是这样！接机牌上怎么没有写英文而写的是我的韩文名字呢？是谁帮你写的呢？”“在奥罗村的韩国人帮我写的。”“哦，是这样！你觉得韩文很漂亮？”“当然！”“泰米尔文字也很漂亮。”“是吗？谢谢您！”在毕恭毕敬的一问一答中，木提看出了我神情中的困倦。“要不您先休息会儿吧！”深夜时分与第一

次碰面的出租车司机共度 3 个多小时的时光，我没有丝毫不安，放心地睡了。印度的出租车一般开得都比较吓人（比起韩国的黑车有过之而无不及），但木提却以一种很柔和的姿态平稳地开着车，还时不时地观察我是否休息得安稳。睡了一会儿，醒来的时候，我隐隐约约听到木提伴着轻柔的音乐轻轻哼着歌。“音乐开大声点也没关系。”我说。他开心地笑起来。“咔嗒！”磁带翻转到了另一面。调大音量的车内音响里飘出耳熟的音乐声，啊哈！是迈克尔·杰克逊的 *Billie Jean*。音乐传递着跨越国界共通的情感。“还是跟年轻人相处舒服”，我又闭上了眼睛，感叹音乐真是件好东西，不需要像文学一样还得倚仗麻烦的翻译，我不禁心生羡慕。

再次小憩过后醒来的时候，耳边不时听到迈克尔·杰克逊与木提的二重唱，*You are not alone,Heal the world...* 奥罗村一定是个特别之地，梦里的我浅浅地笑着，深深地相信着。

从睡梦中完全醒过来的时候，出租车正在穿越一片桉树林。在漆黑一片的树林里，我一眼便能认出那是桉树，因为十五的月亮把树干照得白晃晃的，像是为迎接客人而作出的特别礼遇。打开车窗，清爽的风迫不及待地迎面扑来。路两旁的照明除了明亮的月光和车灯，再无其他。啊，奥罗村，我来了！我将头轻轻地探出窗外，双手迎风张开，深深地呼吸夜里树林的香味。你好，见到你很高兴！这是第一次问好。

奥罗村有 130 多个社区，我在一个叫“格蕾丝”的社区里生活。这个社区里种有许多印度胡颓子树和印度楝树，社区里常常有柔和的风吹过。这个社区是由一位叫海姆特的德国建筑师设计和建造的（奥罗村里的每一个社区都是由不同建筑师负责设计和建造的，建筑师可以充分发挥个性特点来设计和建造房屋），我住的屋子门外便是一棵美丽的大榕树，每天推开窗与我面对面的是一棵小小的番木瓜树。

牛群忽远忽近的谈天声，蜥蜴咯咯咯的笑声……即便是听觉迟钝的我，也能听出至少 7 种声音。夜晚在昆虫的鸣叫声中入睡，早晨在十几种小鸟的歌唱中醒来，享受这大自然的声音套餐礼盒，于我来说，真是平生头一遭儿。伸个懒腰，打个哈欠，走到客厅，便感受到南印度冬日干净的暖阳。后院的平台上，一只野生的孔雀先生正在大摇大摆地散步。我一边煮着奥罗村里生产的无公害咖啡，一边掏出面包果酱和奶酪，我一片，“大摇大摆先生”一片。

“你昨天又迷路了？”

“大摇大摆先生”啄食着我手上的面包片，冷不丁地冒出一句问话。

“嗯，你怎么知道？”

“咕咕，这村落里有我的眼线的，别忘了我可是世代居民啊！你昨天去找坡塔逸风车的时候在多拿那儿晕头转向了吧？那里有我的朋友，说看到你了。戴绿围巾的鸽子看着你还笑了好一阵儿，你没听到？他们闹起来可是吵得很哪。不管怎么说，你还真是个路痴。他们都笑你的时候，一个‘哲学家’还说了句话呢：你们这么笑，可是会伤害那个生物的自尊心的。生物们的自尊心可是他们的生命啊，再怎么可笑，你们也适可而止吧！听说他们还帮你找到路了？”

“啊，对呀！为了找寻风车，我走了一条陌生的路，不知怎么的在多拿社区附近就迷路了。村落前有两条小路，一只叫声清脆的小鸟站在左边的路上。说不上原因，只觉得应该走小鸟站着的那边，于是顺着左边一会儿就走到了。原来那只小鸟就是‘哲学家’小鸟啊！”

“没碰上你最讨厌的蛇就偷着乐吧！那边可是蛇的天堂！”

自以为了不起的“大摇大摆先生”叼起最后一块面包片走了。我的手掌一下解放了。就这样，我每天跟“大摇大摆先生”分享早餐，每天早晨都有做手指针灸的效果。它来啄食我手掌里的面包时，尖尖的嘴触碰到我手心的感觉很快传遍全身，然后全身立刻有种通透轻松的感觉。啊！这就是把格蕾丝社区当作自己起居室的“大摇大摆先生”！

“大摇大摆先生”说得没错，在这奥罗村的范围之内，我的特长就是迷路。

虽然有条叫曼恩的宽阔大路，但是看过韩国四通八达的道路之

后，我只能说这条路只是比较宽阔一些。虽然铺了一些砖石，但只是有限的一小部分，大部分还是原生态的泥土路。

在韩国，稍微看到一丁点儿的泥土就好像是一件天大的事。人们恨不得用沥青和水泥把每一寸道路都填满，所以几乎看不到一点点地面本身的样子。甚至连本应该保持天然风貌的登山路的边边角角，也都用沥青裹得严严实实。而这里的路基本都是黄土路，扬尘四起，季风时节泥泞不堪，到处都是水坑，奥罗村的路从便利角度来评价的话，确实算不上方便。如果在韩国，这样的路早就被沥青和水泥填铺上了。但在奥罗村，人们没有这样做，主要道路曼恩路被填铺了部分水泥，其余连接各个社区的都还是树林里的黄土路。大多数的奥罗村居民都反对修路。

但是对于我这样的游客来说，找路实在是件苦差。不管去哪儿，眼前都是清一色的黄土路，没有明显的指示牌（只有非常重要的建筑才会设置很有限的指示标志），也没有可以当作地标的高大建筑。随后也会提到，想在奥罗村生活的人很多，但住宅资源却十分匮乏，即使是这样，人们也不愿意建造高楼大厦。为什么？因为这里是奥罗村，为了保持奥罗村独特的美感。

奥罗村里最高的建筑是公共建筑，一般都是三层楼高的规模。村里除了全部用林木做成的“地平线”外，再没有更高的建筑，包括奥罗村最中心的冥想处“静思殿”也不算高。这座花费 40 年及大量人力和财力建造的建筑物，走近了看，确实很壮观，但如果从旁边偶然经过的话，因为建筑隐藏在树丛中并不十分明显，加上没有指示牌的缘故，很有可能会错过。

整个村庄几乎全被树林覆盖着，因为树与树之间的空隙太小而经常让人产生疑惑：这条路对吗？凭着感觉摸索着走过去，眼前豁然开朗，大大小小的社区像藏起来的画儿一样出现在面前。奥罗村里130多个小社区就像长在海棠树上的小海棠般，这里那里到处都是。小海棠虽然大小、模样、色泽各不相同，但都是长在同一棵美丽海棠树上的果实。从太阳能餐厅、静思殿、政务厅、旅客中心这些村子中心的地方往外走，越走树林越茂密，终于又迷路了，让人分不清东南西北。树林中的小路就像海棠树的树枝一样，张牙舞爪的，伸展得到处都是。把住在中心区的人和隐居在林子深处吃饭都不露面的人一起算上的话，这个村子大概有2100人，大家像分散在枝头的海棠一样守护着这个村落。村落整体是按照银河的螺旋状旋涡模样设计的，顺着旋涡的纹理转圈圈，总会找到回家的路。因为相信迷路了也能找到自己家的说法，如我之辈的幻想家便觉得没有什么非得刻意着急的理由了。

在与野生孔雀分享早餐面包的那天之后，不知从什么时候起，我又开始跟一只名叫黑子的小狗玩上了。黑子只尝了一口面包，“我不是想吃，只是想尝尝看”的想法分明写在脸上。它叼了一块面包转身走掉，唯留欢实远去的背影，大声地与我打着招呼：“心情愉快哦！”黑子的尾巴左右晃动两下，就跑向邻居刚建好的新家去了。

打开地图。

地图上用标志标记上了我自己才知道的典故，一张地图上画满了星星、圆圈、四方形、月亮等。

迷过两次路的地方，遇见像小鸟一样唱歌的小松鼠的地方，有小菩提树的地方，挂在风车上的风的脚印，蚂蚁窝旁边的透明泪珠花儿，再次遇见约翰·列侬的地方，第一次绊倒的地方，与毛皮得搭话的地方……

今天又会在哪里迷路呢？阳光轻柔地洒在对别人毫无用处、只属于我的地图上，还照耀在“大摇大摆先生”留下的像钥匙模样的脚印上。

如果你对进步抱有渴望，对更高追求的生活抱有热情，那么请到奥罗村来吧！奥罗村欢迎你。在这里开始你奇妙的探险吧！

奥罗村的世界

走在路上，几个女孩子互相使着眼色、咬着耳朵不知道说些什么，从我身旁走过的时候一起朝我挥舞着手。淡棕色皮肤、黑褐色皮肤、粉色皮肤、白皮肤，黄头发、栗色头发、黑头发，红短裤、绿裙子……五彩花蝴蝶一般的漂亮女孩子数着“1、2、3”大声喊：“圣诞快乐！”

啊！今天是圣诞节？！我连忙举起手高兴地冲女孩们挥舞：“圣诞快乐！”

看着花蝴蝶一样的孩子们纯真的样子，我很受感染，不自觉地用她们的方式回应着，心情顿时明朗起来，虽然离圣诞节还有差不多一周时间，这样的祝福话语也略微早了些。看看眼前的这些风景，湛蓝湛蓝的天空，挂着嫩绿叶子的枝头，懒懒开放的藤蔓花，温暖的阳光，挽着裙子穿着短裤的我有多久没跟蹦蹦跳跳天真烂漫的孩子们一起大声呼喊圣诞快乐了？这一切都让人鼓舞，我也下定决心：也要对别人说圣诞快乐，因为这样的问候让人感到幸福！

天真无邪的孩子们给我圣诞问候，然后我用孩子们的方式摇着手大声地给她们回应圣诞祝福，这似乎不是件很困难的事。但若让我主动用这样的方式与别人打招呼，似乎就很别扭，像被人拉扯着头发去做什么并不情愿的事一样。平常都没有人会做的事，这样做会不会太唐突？况且离圣诞还有一周多的时间呢。我这样矛盾地盘算着，心里默默地为这事画上了句号。

从到达奥罗村的第二天开始，我最感兴趣的事就是“微笑”。因为村子里的氛围平和温馨，大家都有好的心情，嘴角便总是微微上扬着，甚至连在奥罗村里来来往往走着的人相互间也会默契地报以微笑，这样的微笑背后似乎有着一种共同的情感在维系着。这里不是拉斯维加斯，也不是迪士尼乐园，只是奥罗村。如果想要寻找快乐的消费场所或是风景名胜，世界各地数不胜数应有尽有，但是为什么要在这个偏远的村子里落脚？大概是因为怀着共同的心愿，有着深切的认同感吧。所以，人们在碰面的时候，相互间没有太多的揣测和判断，有的是认同感。而这种认同感在擦肩而过的对视中，一个微笑便足以传递开来。

我很喜欢人们相互间传递的微笑，刚开始来到奥罗村的几天里，我开心地在村子里疯跑，欢笑着与每一位相见的人打招呼，这实在是件很美妙的事情。

对完全不相识的人露出自然的微笑是一种全新的体验，我的幸福触角全都伸展开来。（曾经看过一个统计，孩童每天笑 400 多次，

成人每天笑 20 来次，甚至有些成人一天不笑 1 次。笑过的人都知道，孩子比成人幸福得多。）

在韩国，只有在一定的范围里人们才会相互微笑。相互认识的，或者再缩小范围，关系比较特别的人之间展露笑容好像才是“正常”的事。可是，我是个爱笑之人，不论是在演讲还是读者见面会这样正式的场合，通常我也严肃不起来，自顾自地咯咯咯笑个不停。与好友的相处我尤其不能忍受严肃的氛围，更不喜欢孤独或是冷淡的表情。当我感觉状态不佳时，干脆谁也不见。不管是谁，都需要一个“独处的空间”。生活中的孤独本来便是为磨炼个人心志而来，孤独并不是幸福的对立面，幸福的人们也逃不出孤独的围绕。或者说，越是幸福的人越是善于在孤独中清醒，学会与孤独相处。这样看来，或许孤独只是存在的证明方式而已。如果丢失了孤独感，人的灵魂就像是缺失了某个部分，麻木了一般。那些成天抱怨“我很孤独”“我很痛苦”“表

情凝重”的艺术家的做派，我是不敢苟同的。我喜欢那些能够享受孤独，化解孤独，并且不会把自己孤独的苦痛转而影响他人、让别人感到沉重的人。

可是，我还是醒悟过来了。并非所有奥罗村村民的脸上都挂着微笑幸福地生活，也并非生活在奥罗村以外地方的人们看起来都不幸福，也许是我已经带着对奥罗村的“偏见”才产生了这样的想法吧。在这个奇特、幸福、优点无数的小村庄里，出现几个不幸福的脸庞定会是一件非常不合时宜的事——当这样的想法占据我的头脑时，其实我对奥罗村的感受已经偏离了客观，带上某种“偏见”了。

带着莫名的好感而来到奥罗村人群里，常常对奥罗村怀着各种各样的想象和理解，这其中，有两种“偏见”是相同的。

平常在描述奥罗村时经常用到一些话，其中一句便是：奥罗村是“灵性的共同体”。

这里所说的“灵性”与宗教的概念并无关联。在奥罗村，信仰各种宗教或者没有宗教信仰的人共同生活在一起。存在的本身以及内在的灵魂受到重视，每个人都有各自向往的生活，这样的向往是多样的、丰富的，因此，奥罗村总是给人以包容、有灵性的印象。但是，将现在的奥罗村称为“灵性的共同体”似乎不够妥帖。对于第一代村民来说，奥罗村是一个灵性的共同体的感受比较强烈。“在这个地球上再打造一个完全崭新的世界——这样的共同信念里包含着一种一体性。每个人带着各自的一部分来到这里，尽管如此，一致的整体里也会存在着不能用强力抑制的某个突起的部分。”奥罗村妈妈的话语中展现了奥罗村建造初期，人们灵性的进步最终实现了人类的一致，这是一个伟大梦想的实现。用当下年轻人流行的话来说，这应该是个“四次元”的梦想。这是一个有些懵懂，有些天真，又有些傻气的纯真信念，用西方理性的思维来定义的话，其实是个不合理的痴梦。但是，被这样的痴梦感动的西方人却背上行囊来到了这里，赤着脚开始翻耕赖以生存的土地——这不就是与这个伟大的梦产生共鸣的结果吗？第一代村民能强烈感受到奥罗村是个“灵性的共同体”的概念，之后他们生下的子女在这里长大，再之后他们的子女又生下子女，经过三个世代的变迁，奥罗村的样貌也得到了另一种方式的进化。当然，许多奥罗村村民依然注重自己的灵魂，重视内在的修为，但是冥想、瑜伽这些活动渐渐有些停滞，不如他们的祖父辈做得频繁。为实现“神圣意识”和一致性这一目标，子孙们不再像祖父辈那样充满斗志和“献身精神”，而是转为一种更为灵活的“实用主义”。

另一句常常用来描述奥罗村的话是：奥罗村是“生态的共同体”。

韩国很多研究“生态生活”的市民团体曾来过奥罗村作调查，看到奥罗村的现状后，他们有些失望地离开。奥罗村的状态并不让他们感到满意，最主要的原因是目前奥罗村的农业并不能完全实现自给自足。不能自给自足，不能形成自身循环，这样的状态下若是称之为“生态的共同体”，总会让人觉得少了些信服力。为了找寻实现生态农业自给自足的方法，奥罗村里到处都在进行各式各样的研究与实验，但是若想满足奥罗村现有规模的需求，构建自给自足的生态体系，尚有很多不够完善的地方。所以，“生态的共同体”和“灵性的共同体”都不是描述奥罗村最妥当的说法。

奥罗村自然是灵性的、生态的，这就像是大象两只呼扇呼扇的大耳朵，是组成奥罗村的重要特征之一，也是吸引我来到这里的原因所在。而且即使仅仅只是一个重要的实验场所，也绝不能掩盖她的魅力光芒。只是现在的状态并没有完全达到完美而已。在我看来，目前的状态最适合用来描述奥罗村的表述是“处于努力之中的实验共同体”。“努力之中”这样的表述既能体现奥罗村的青春活力，还能看到继续延续下去的希望。

一位在奥罗村里居住了十余载的村民 S 笑着告诉我，奥罗村村民之间常常聊起这样的内容：奥罗村里住着奥罗村的原住民，希望成为奥罗村村民的新居民，以及到奥罗村观光旅行的游客，有一个最简单的办法可以马上辨别出谁是奥罗村原住民、新居民和游客。走在路上，一直保持笑容的是游客，偶尔笑一笑的是新居民，完全不笑、表情木讷的基本上可以判定是奥罗村原住民。天啊！原来是这个样子！

确实，理想与现实之间总是存在差距。“但至少这里是奥罗村嘛”，我的头脑中仍然保留着对奥罗村美好的期待。抱着和我同样心理来到奥罗村的旅行者不少，他们尊重奥罗村的理想，在一种崇敬心理的驱动下来到这里。相信人心的善良和单纯，喜欢人与人之间温暖的微笑，带着我这样心理的游客们对奥罗村抱着一种莫名的期待，到这里来了。

在奥罗村的网页上有这么一句话：“如果你对进步抱有渴望，对更高追求的生活抱有热情，那么请到奥罗村来吧！奥罗村欢迎你。在这里开始你奇妙的探险吧！”太棒了！对进步的渴望，当然有！我无比憧憬像海鸥乔纳森那样“飞得更高一些，我才能看得更远”的人生，我也向往更真实、更自由、更幸福的生活，更重要的是，我尤其喜欢探险！简直太棒了！

一般是这样向想来奥罗村的人介绍这里的：

奥罗村是一座以静思殿为中心构建的直径5公里的圆形小城。

绿色植被将村落环绕，“圆”内有居住区域、文化区域、产业区域、国际区域等，这些区域像水流旋涡一样围绕在静思殿这一圆心周围。因为整个都市形态类似银河系的形态，所以人们又把奥罗村的城市设计称为银河式设计。

目前，有来自40多个国家的约2100名村民共同居住在大小不一的130多个社区里。奥罗村原住民、奥罗村新村民以及奥罗村的游客加起来有2500人左右。

原住民社区和寺院分布在奥罗城外围，也分散在村子内部。

村民中，印度人占一半，外国人占一半。外国人中以法国人居多，来自40多个国家的外国人构成比例不尽相同。奥罗村的人口呈逐年增长的态势。

居民从事的分工也各不相同。开垦荒地、种植草木、有机农业、稀缺作物保护作业、教育、医疗保健、城市规划、可持续发展能源资源开发与应用、建筑、房屋服务、整理庭院、信息技术、土壤与水资源保护、与周边村落的关系开发、内在教育的试验、中小规模的事业、冥想、瑜伽、艺术等，或各式各样与之相关的文化活动，各种考察研究和为维持社区和团体组织的志愿活动，只要是奥罗村中需要的，都可以成为一项事业和工作。

人们可以自愿参与既有的工作，如果想启动一项全新的工作也可以随意开展。自己想做的事情如果对共同体有益，并且得到认可，那么可以从共同体得到一定的补助，进行有偿的劳动。

对于像我一样的观光游客来说，奥罗村的各种长处中最诱人的一点便是“工作”。奥罗村把工作看得非常重要，但也不会让人过长

时间劳动，平均每天为共同体工作 5～6 小时即可。而且，奥罗村里的“工作”只在你想做的时候存在。当你产生我想要做这项工作的想法时，这项工作就属于你。“工作”是一件很开放很灵活的事。比方说，一个新居民刚来到奥罗村，他想要做一份工作，但是英语还不够熟练，语言沟通不够流畅，那他便可以从一件只需要用简单英语沟通的工作做起，随着语言能力的提高再慢慢更换工作，这样一来，便有机会接触到各种各样的工作。再举一个例子，有一个人，从来没有接触过烤面包的工作，他来到奥罗村之后产生了想烤面包的想法，那么他就可以去做烤面包的工作。在奥罗村里，从事一项工作并不需要所谓的“资格证”，唯一的条件就是你想做这项工作，你有做这项工作的热情和诚意。但是，即使最终你成了烤面包的熟练工，也不意味着你的收入会增加，因为在奥罗村里工作并不以工资作为评判标准。在工作的各项意义里，是否能给个人带来满足感是排在首位的；其次是在工作中，个人是否能有愉悦感以及是否能感受到为共同体奉献出自己的能量。能感受到我是一个对他人有所帮助的人，这便是通常人们感到幸福的重要条件。

奥罗村里的人们存在一个共识，那就是在工作的时候也是在做提高自身内在修养的瑜伽。“所有的生活都是瑜伽(All life is yoga)”，劳动即修行。做饭时的冥想，洗碗时的冥想，做农活时的冥想，所有的工作都是为了自身修养所做的修行。不管在人生的任何一个瞬间苏醒，都是令人满足的——这样的理念或许就是我们平时所说的“养生”，也是让我们从所处时代的重压中解脱出来的最核心的方法。

让奥罗村变得如此特别的是这里面的人们。

在奥罗村里生活下来的人们都有各自的理由。

有的人怀抱着建设一个理想社会的梦想，抛开既有的荣华富贵来到这里；也有的人在社会上受到苦难折磨，希望在这里重新找到一个新的起点。奥罗村是一个兼容并包的社会，各种各样的言论很多，意见很多，矛盾也很多。可能越是追求精神层面的满足，越是容易激发出各种各样的问题。目前，村子里正在进行一个叫“让生活更美好”的实验，申请的人都抱有各自的想法。比起社会上普通人的正常诉求，这里的人因为各自有着不一样的价值观，每个人都有不一样的理想追求，因此意见分歧也会更强烈。每个村民的心中都有一幅各不相同的奥罗村梦想之画，要把这些个性不同的人的理想上升为共同理想，这个过程着实充满着各种各样的激烈冲突和矛盾。

在一个社区里生活着一个特别的女人，这个女人可以算是个问题人物（或者可以称为“麻烦制造者”）。当时这个女人想住到这个社区里来的时候可花费了相当长的时间，因为有太多反对她加入社区的意见，这个问题争论了很久，但最终这个社区还是接纳了她。因为奥罗宾多和奥罗村妈妈对人类抱着乐观的信任，相信一个人的内心会有转变和升华的可能性，这样的信念在一定程度上影响着这里的人们。

奥罗村是年轻、富有活力的。在奥罗村里可以进行一切实验。不论是谁，只要想提议就可以随时提出来，如果这项提议有人赞同，那么，就可以产生一个组合来推进这项工作的进行。只要有热情和勇气，我可以在这里实验一切我所能想象到的事情。奥罗村的能量似乎就是从这些执着于想改变自身、想追求进步的热情和勇气中来。如果说这里有什么规则的话，那唯一的规则便是“开放的思维”。在这里，没有人会觉得与自己不同的意见或观点是错的，仅仅是觉得有些不一样而已，对于不一样的东西，仅仅需要多花一些时间和耐心努力去适应罢了。在所有对奥罗村的感受中，我认为这一点是奥罗村最大的魅力所在。在这里所有的事物都是处于一个“走向成熟的过程”，没有可以被评价为完美和成熟的东西。虽然并没有最终完成，但是通过各种实验和摸索，奥罗村可以算得上是一个实践过程中的“成熟前的小村庄”。

奥罗村里生机盎然的圣诞节啊！

花朵亲吻了大地母亲后就开始蜕变，希望她们一路的旅程平安无事。

落红不是无情物

我是在离开奥罗村的前一天见到奥罗卡秋的。一开始听到关于奥罗卡秋"天赐的肥料"的故事时，我便说过想帮助奥罗卡秋做些事情（在奥罗村，不管是去哪里做事情或者做志愿服务，都得先打好招呼，经别人介绍以后才能过去做事），但是她回奥地利家乡去了，一直没有露过面，直到我要离开奥罗村的前几天她才回来。听到她回来的消息，我马上飞奔到她工作的地方。奥罗卡秋正在一棵开花的大树下辛勤地工作着，远远望去，像是一位金发老奶奶正在开花的大树下努力地练习着高尔夫。

奥罗卡秋的"工作间"就在奥罗村中心静思殿庭院的一侧，她的工作是在静思殿附近捡拾花朵做成花肥。她的"工作间"看起来像水井一样。

大概有两个人拉起手环抱着那样大小的井里放满了花瓣。别的封了口的井里放着快做成肥料的花瓣。这个井的花瓣都拾掇好之后，封上口，去做下一口井的。

是不是有些可笑，这样的事情居然是可以领取工资的“工作”？拾起地上掉落的花做成花肥，这样的事似乎没有任何经济价值。每天把一捧拾来的曼陀罗花收集起来，过了一天后就开始从下往上堆积。井里最下面一层的花腐坏了，发酵了，散发出温暖的热气，就在上面放上今天拾来的花，每天这样一点一点一捧一捧地堆积起来……这样堆积起来后，当一口井全部盛满了，便封起来，然后等待花朵变成肥料……要是想想这其中所耗费的时间和劳动量更觉心寒。一个上午不停地捡拾花朵才仅仅只能铺满井的一层，这样辛苦收集来的天赐的肥料并不见得有什么特别的实用性（真正实用的有机农肥在静思殿的另一边由专人制作）。这些微小的花朵并不能变成多少花泥，如果想给植物或者果实施肥就更是远远不够，充其量只是在什么地方象征性地使用。从效率和实用角度来说，这实在是不能成为一项称得上“工作”的事情，但在奥罗村的奥罗卡秋眼里却是一件弥足珍贵的事。如果说做某件事是为了制造些什么、维持些什么的话，奥罗卡秋所做的一切不过是为了制造和维持美丽，奉献自我，享受安静和等待的过程吧。“工作着”的她，今天又一如继往地、一步一步虔诚地劳作着。

夕阳里的静思殿庭院，金发老奶奶像打高尔夫球一样慢慢地移

动着。她的腿脚不方便，膝盖亦不能弯曲，握着工具的样子真像是握着高尔夫球杆一般，一手握着花扫帚（称其为扫帚总觉得有些别扭），一手拿着花铲子（因为称其为垃圾铲总觉得别扭，于是改称花铲子），将一朵朵小小的黄色花朵扫入铲中。为了不踩到掉落在地上的花朵，她小心翼翼地挪动着脚步。早晨刚落下还没有发蔫的花朵就这样安安静静地躺到了奥罗卡秋的花铲子里。我轻轻地跟在她的身后，受了感染，生怕踩到地上的花朵，又生怕打扰了这份静谧，压低声音问道："我可以帮您做些什么吗？"她抬起头转过身，对我报以温暖的微笑："当然可以。"

就这样，我拾了一个半小时的小黄花朵。"拾花朵"，听起来多么浪漫，但是不管什么事，单纯重复地做下去就会感到腻味。拾花是一件足以让40来岁的人腰酸背疼的事，对于一位将近70岁的老人来说，该会是一件多么辛苦的事。尽管这样，她仍然幸福地享受着这份工作，全神贯注、一朵一朵认真地捡拾。这是我多久没做过的事情了？捡花朵是件充满浪漫情趣的事，猛然想起以前听到别人说的，会把花瓣或者树叶精心夹到书页里的人一定不会成为坏人。

体感温度达到28摄氏度的南国冬日早晨，认真捡拾花朵的我，额头上的汗珠一颗一颗掉下来。她无声无息地走过我身边，说："我们现在把花儿围成圈放到井里吧。""啊，这个步骤我也可以帮忙吗？"奥罗卡秋笑着点点头："让我们用心把花放到这里边吧。"静静地说完这句话，她又走过去开始收集别的颜色的花儿了。一时间，我竟分不清这是不是一场幻觉。

我把花朵细致地排开，努力不遮盖一丝一毫它们原本美丽的光彩，将之慢慢地围成一个圆圈。奥罗卡秋回来后，探着脑袋往井里看了看，露出满意的神情，接着把粉红的木槿花交给我。"这个季节的花不算多，曼陀罗也挺漂亮大方的呢！"这样说着，她慢慢地把在静思殿附近收集到的花朵一层一层漂漂亮亮地铺到井里。

这时，刚好迎面走来一位男子，老奶奶喊道："别踩了地上的花！"男子听到后，果真有些紧张起来，踮着脚尖唯恐踩到花朵，边走边注视着老奶奶工作的样子。老奶奶的行动有些不便，边流着汗边捡拾地上的花朵。男子默默地看着这一切，说道：“提前一天把大缸放到树底下，然后花不就会直接掉到里面了吗？”奥罗卡秋回答道：“花朵想亲吻她们的大地母亲，我所做的工作该在那之后。”

还需要再说什么呢，奥罗卡秋心里装着花朵，花朵们也爱着她吧。这时，一阵清爽的风吹了过来。

做好了10盆曼陀罗，然后在心中祈祷，祈祷着花朵早日变成香气四溢的花肥。我与老奶奶站在井的周围，伸开双臂，像拥抱着这口井似的，她凑过来跟我耳语着：“集中精神就会有好的能量。”说完，她闭上了眼睛。我也跟着她一起闭上了眼睛。双臂张开，集中精神在我们一捧一捧地堆满了花的井上，这就是祈祷。集中精神在花上，然后集中精神在与花融为一

体的我们自身上，然后集中精神在与我们融为一体的花肥上。

那一瞬间，在别人眼里，我们是什么样子？只不过是3小时前刚刚相识的银发女人和黑发女人，站在一口装满花的井边上，像是要拥抱这口井，又像是要拥抱彼此，闭着眼睛，精神集中，别人看来，这是一番什么景象？她喃喃自语着："花朵亲吻了大地母亲后就开始蜕变，希望她们一路的旅程平安无事。"

那瞬间怕是永生难忘。热气从花井里徐徐上升，花肥里，或者说是花井深处涌动着旺盛的能量。曼陀罗花下的花朵发热发酵，冒出氤氲的热气，穿过我的身体。从温暖的脚底一直到头顶，仿佛瞬间变成了花的通道，突然像照进一缕强烈的光线，我有些颤抖。风来了……我有些摇摆……过了多少时间呢……一只蝴蝶飞了过来……我又有些摇摆……星星升起来了……花朵穿过我的身体……就这样，我在井边站了不知道多久。不，不是站着，也不是坐着。不是人体的任何一种姿态所能描述的，我只是，只是待在那里……

我睁开眼睛的时候，奥罗卡秋为了不妨碍我，已经安静地走到那边收拾打扫去了。看到我在看她，她朝我招招手，等我走近，她让我看她手里一个小巧的盆子。

里面装了一小捧泥土。"闻闻气味吧。"她说。我把小盆子端起来凑到鼻子前一闻，啊！无法形容的泥土清香！我的眼泪都快掉下来了。

我的鼻子都快埋进这散发着芬芳的一捧泥土里去了。“是花肥！”我欣喜地叫着。奥罗卡秋微笑着点头，双手又捧起了一捧花肥。

我生平第一次闻到花肥的味道，用花做成的泥土的味道。

也许别的人看来，把这样没有什么价值的事当成事业并且视这项事业为珍宝的奥罗村人和为这项事业而感动的旅行者一起度过一个早上简直难以理喻，但是这个早上就这样画上了句号。

我们的工作在 12 点前就全部完成了。我计划去太阳能餐厅吃点东西，并且想邀请奥罗卡秋一同前往。等待了一个月，好不容易在回国前见上一面，我很珍惜与她的这段缘分。但是，她说她要回家，工作结束以后她习惯吃些可可豆和香蕉。于是，我们紧紧相拥，在静思殿入口前分别。分别时，她送我一捧天赐的肥料，我视若珍宝，小心翼翼地放进了背包里。

所有事物的存在，都是在等待属于她的一段缘分。没有实体，一切皆为空。空的状态下，每一个存在都在等待着一个人过来看上她并且带走她。

因缘而生，
福由心至

如果把奥罗村想象成一个生态城市，那来到这儿以后首先打破幻想的便是摩托车排放的尾气。对于平时崇尚步行或是自行车出行的人来说，提到摩托车尾气恐怕是要紧锁眉头的。一开始我也下定决心在奥罗村期间骑自行车出行，但没过多久，我就投降了，借了辆电动摩托。在直径约 5 公里的村庄里，要是仅仅想依靠步行来进行村庄探险那简直是不可能的，骑自行车也顶多可以看个大半。

有时间，我会去附近本地治里的市内逛逛。从奥罗村出发到本地治里市内大约需要 30 分钟的行程，越靠近市内越能感受到浓浓的尾气。紧闭上嘴，恨不得用围巾遮起半张脸。想起曾经在非洲肯尼亚看到内罗毕站附近的尾气，有过之而无不及。

奥罗村的人经常乘坐的交通工具——摩托车的排气问题非常严重。在曼恩路上，要是有摩托车从身边过，随风带起的煤烟便会呛得让人只能用头巾紧紧地捂住嘴和鼻子。即使这样，奥罗村仍是舒适而且惬意的。拐到路边的小路上，便会有种豁然开朗的感觉。奥罗村里

200 多万棵绿树能够瞬间将污浊的空气净化，像是给人们变了个魔术。

虽然奥罗村的树林能够为人们提供一个喘息的场所，但是仍有非常多的有识之士奔走呼吁着，希望奥罗村的交通工具能够不再使用燃油，改用亲环境的环保能源。虽然很多村民坚持使用自行车，很多村民使用太阳能充电的改良自行车，驾驶由太阳能和电能作为混合动力的汽车或摩托车的人也不占少数，但是对于绝大多数并不富有的奥罗村原住民来说，经济实惠的燃油摩托车还是首选。目前来看，尚没有解决这一问题的最佳方案，并不能要求这偌大的一个村子里的村民都骑自行车，也不能下一纸通告禁止除自行车外的其他交通工具。

我最终学会了骑电动摩托。在韩国我一次都没摸过摩托车，没想到居然在印度之南学会了！

电动摩托其实是摩托车和自行车的“杂交品种”。不需要汽油，只要踏上脚踏就能跑动。比起普通摩托来，电动摩托更加轻便灵活，而且简单易学，随随便便学了一天，我就可以自如地掌握了。

第一天接触电动摩托的时候，不经意地了解到了电动摩托的曲折命运，不禁心生怜悯，心中祈祷：“我善良的电动摩托，你要好好的。”

在电动摩托出租商店里，我第一眼便看上了后来我骑的那辆，似乎车身上写着我的名字一般，非得我来带走不可。“OK，那就带走吧！”店员爽快地答应。接下来这辆车就进入了修理厂。修理厂里，横七竖八地躺着各式各样肢解开来的电动摩托车，那边正在松开螺丝，这边正在拧紧螺丝，这里正在换后视镜，那里正在调试车座……修理厂里，到处都是完全被拆开准备进行重新组装的电动摩托，看着这一辆辆可怜的车，看着它们完全被分解，然后一点一点被重新组合安装，我的心里突然涌上一种莫名的情感。

这些机器到底有多少年头，到底出了多少毛病。被分解开的肢体安静地躺在修理厂的角落里……就在这个时候，久别的螺丝终于得以再次重逢，同时也不忘跟周围马上要分别的零件邻居道个别……为了人类的需求，世界循环往复，为了散发最后一点光热，重新在这里接受洗礼，在这样有情有义的零配件前，我茫然地看着前方火热的修理厂，陷入了沉思。这里摆放的所有电动摩托都与别的电动摩托一同共用着零部件。为了区别于别的电动摩托，只能这样共用零件，像是共享着器官的身体。这时，我的脑海里突然浮现出丸山健二的《看吧，月亮追着跑》。机器也是有灵魂的，越是老旧的机器，受到不同魂魄的影响，越会成为一个奇特的物体。

原本我是多么厌恶排出浓重黑烟的古董车，但就在我望着热火朝天的修理厂出神的时候，突然很想对之前产生的观点表示抱歉。这些机器的命运啊！已经成为快要报废的古董还得被拖到这里修理，为的是要尽自己最后一点力气去为别人做出点有用的事。

想到这儿，我心生怜悯。

第一次骑电动摩托围着奥罗村兜风的晚上，我做了个梦，梦到了电动摩托，但在梦里，我变成了一辆电动摩托。化身为电动摩托的我愣愣地站在榕树底下参禅，开始冥想。在梦里，化身为电动摩托的我似乎也喜欢思考，自顾自地小心念叨着心中所想。比如这样的想法：我不应该说是，也不应该说否。不该总是抱怨，因为会徒增伤悲。虽然我现在是一辆站在大榕树下等待主人来骑的电动摩托，但当我还在出租商店里的时候，我甚至还不能称为一辆电动摩托，哪有一辆失去了轮子的电动摩托还能坦荡荡地称为电动摩托的道理。说得更确切一些，那个时候的我，只是在等一段让我成为电动摩托的缘分。所有事物的存在，都是在等待属于她的一段缘分。没有实体，一切皆为空。空的状态下，每一个存在都在等待着一个人过来看上她并且带走她。所以，正是因为你希望我成为你的电动摩托，于是我就开始成为你的电动摩托。然后，拧紧螺丝，安上车轮，调好车座……这样把缘分一丝丝串联起来，我们便终于得以相认。所以，如果缘分散尽，你的电动摩托自会离你而去，包括所有的零部件……现在，我只是以电动摩托之名，与各个零部件一起，跟随缘分，牢牢抓紧，然后互相依偎，

PY.01.
X.4171

互相扶持。但是，存在只是缘起于互相的依存，并不意味着将永世不变。现在我也仅仅只是站在榕树下而已，并不是一个实体，只是因为有缘才站在这里。这样的“有”，智者都称之为“无我”，又称作“空”。你能听明白吗？

我善良的电动摩托！

我的电动摩托很让人心安。大概是受到不同魂魄的影响，虽然棱角磨尽，却让人心静如水。我时常在林间小路上自言自语：“我的坐骑是‘空’，我骑着‘空’兜风呢！”

有了电动摩托以后，我便开始了骑行生活。一次，当我骑着电动摩托到处闲逛找不着路的时候，恰好碰上了从青少年夏令营场地里走出来的三个女孩子。她们光着脚丫，边走边说着什么，还不时咯咯咯地笑。一个女孩突然举起了手指，怎么回事？我很好奇她们在干什么，于是把车停了下来。这时，穿红裙子的女孩冷不丁地跳到了车后座上，然后其余两个女孩也一个一个地跳了上来。载人虽然并不是多难的事，但对于我一个初学者来说，重心着实不是那么容易把握。我直言不讳地告知她们，我只是个初学者，如果一会儿晃得厉害，你们就跳下来。孩子们哈哈大笑着说：“好的，没问题，摔倒了我们就跳下来。”孩子们开心的笑脸分明是在说，要是摔倒了那才更有意思呢。

出发！载着兴高采烈的三个女孩摇摇晃晃地出发了，这一路上，所有经过我们身旁的电动摩托没有一个不露出紧张的神情。好不容易终于来到了目的地太阳能餐厅，孩子们又跳着叫着在我身边不肯散去。她们都是奥罗村原住民的小孩。其中一个小孩还很老练地学着大人样儿称赞我车技不错，像这样再练习练习，水平肯定能突飞猛进。我问她们："你们觉得奥罗村好吗？"她们异口同声应答道："好！""那什么最好呢？""奥罗村里都是绿色的，很和平。"对于几个从来没有在村外生活过的孩子来说，能评价奥罗村最好的方面是它的绿色和和平，这让我很是惊讶，心里的某个角落像突然被电流击过一样。孩子们是对的，世界真的不够绿也不够和平。悲从中来。"但是以后等我们长大了，奥罗村里就没有电动摩托了。"一个孩子没头没脑地说道，"现在空气不好，喉咙很痛，我们以后来建造一个可以坐着气球到处游玩的奥罗村吧。"啊，怎么，这些小孩像是读透了我的心思一样。兀自望着孩子们蹦蹦跳跳朝着太阳能餐厅跑去的背影，我有些失神。孩子们离开后空荡荡的位置上竟有一股迷人的淡香。"啊，对了，我善良的电动摩托，不要感到遗憾，生命本来就有该要隐退的一天。"这时，身旁的电动摩托好像叹了一口气："我也想要退隐，想要歇歇了。那些孩子坐着气球的样子一定会很美吧。那时我真想变成一只气球。"好的好的，我拼命点着头，又或者……今天的风真好！

为什么要来奥罗村呢？因为听说这里曾有过天堂。为什么用过去式呢？因为在这里生活之后，发现其实并没有所谓的天堂。那知道真相之后为什么不离开呢？因为奥罗村以外的世界更混浊。

试想：如若没有所谓的天堂

渐渐的，我在村里倒也积累了些人气。因为我不是只在村里短暂停留一两天的“过路游客”，也想在村里交些朋友，于是我的饭桌上渐渐多了些“食客”，有来自法国、澳大利亚、美国等各个地方的朋友。虽然不会刻意去打听隐私，但是我也偶尔会问问他们来到奥罗村的理由。

为什么要来奥罗村呢？因为听说这里曾有过天堂。为什么用过去式呢？因为在这里生活之后，发现其实并没有所谓的天堂。那知道真相之后为什么不离开呢？因为奥罗村以外的世界更混浊（他用一种“你不会连这个都不知道吧”的眼神打量着我）。世间哪有所谓的天堂，都是我们想象出来的梦幻而已。我们只能尽最大的努力，努力让现实变得稍好一些。

是啊，该尽最大的努力。

我曾与 20 年前来到奥罗村的韦斯顿·克里格拉篷 A 交谈过。

你问我为什么要来奥罗村？因为读了奥罗村妈妈写的 *A Dream* 突然产生了想来看看的冲动（若说因冲动而来的我不难让人理解，但为何他的脸上分明挂着更复杂的表情）。读 *A Dream* 的时候，产生了强烈的共鸣，是的，这完全就是我的想法！然后我就打点行囊到这儿来了。他问我，对奥罗村满意吗？我在这里只是个过客，按照一个客人该做的礼数来行事，觉得一切都挺好，而且这里让我满意的东西确实不少。于是我坦诚相告，我喜欢这里，不管是外在还是内在，我喜欢这里处处努力变得更美丽的氛围。A 说道，其实并不够美丽。奥罗村的外在是不是在变得美好我不敢说，但是内在不是这样（不一会儿，他看起来非常生气）。

奥罗村做得还远远不够，问题太多！要加倍再加倍努力才行。于是我悄悄地问他："那么，你想离开这里吗？""不，当然不！"（这时他的双目瞪得老大，像是在说"你怎么能开这种玩笑"。）

圣诞节第二天，在政务厅小剧场里我看了场《约翰·列侬的理想世界》，真没想到居然在奥罗村里看了约翰·列侬，真是让我大跌眼镜。

有一天，随意翻阅了奥罗村里的村民杂志《新闻摘要》，里面刊有一周内的电影和演出预告。村民们通过阅读《新闻摘要》，可以找到自己感兴趣的电影、展示会、兴趣小组的信息。《新闻摘要》上没有及时登出的信息或者邀请函会在太阳能餐厅、政务厅、巴拉尼巴斯等公共场所的公告栏里贴得让人眼花缭乱。在政务厅的剧场里几乎每天都会上映各种影片，巴拉尼巴斯剧场则基本每周五会上映电影，

Maximum size notices A4 please
STOP
Auroville
WELL studio cafe

甚至连各式各样的儿童影片也会平均每周播放6部左右。从世界古典影片到世界经典名片，从纪录电影到独立电影，有时还会播放一些与各国电影节相关的片子……这许许多多的电影，都是免费观赏的！这个林子中的小村庄！

在我20多岁的人生记忆中，曾为我的生活平添无数色彩和希望的歌手中，披头士乐队和平克·弗洛伊德无疑排在首位，所以这也就可以理解我为什么以百米冲刺的速度跑去观看《约翰·列依的理想世界》这部影片，这简直是从天而降的大馅饼！这是1988年安德鲁·斯洛特制作的片子。我看过无数关于约翰·列侬和披头士的影像，但是这部片子至今没有看过。这是一部用约翰·列侬生前采访录音作为画外音制作的纪录片。约翰·列侬去世后，小野洋子整理了大量资料，转交给曾制作过“猫王”埃尔维斯·普莱斯利和玛丽莲·梦露纪录片的安德鲁·斯洛特。在这些资料的基础上，安德鲁·斯洛特最终完成了片子的制作。披头士乐队解散后，约翰·列侬雇用了专属摄影师，为的是要将他和小野洋子的生活完整地记录下来，因此留下了很多资料。这部片子是从包括世界各地收藏人士所收集到的所有影像（包括200多小时的磁带资料）中精心选取剪辑，最后做成的100分钟纪录片，再现了一个“理想世界”。

那个晚上，在树林中的政务厅里，我前前后后听了20多首列侬的歌曲。“把权力转交给人民（Power to the people）”“给和平一个机会（Give peace a chance）”“圣诞快乐，战争一定会结束，只要你愿意（Happy Christmas）”……这样的歌词缓缓流淌，不知不觉湿润了我的眼眶。与列侬在一起的奥罗村之夜！夜更深了……

不知是不是在奥罗村里重新与列侬相遇的缘故，看影片的时候，隐隐觉得列侬似乎也想告诉人们这样一个道理：要想实现理想的世界，不能只依靠大人物大气候的改变，更重要的是每个人内在的革命也要同时进行。就算社会氛围再优秀，如果个体没有享受幸福和自由的准备，也一定是不幸的。

“什么时候我们能做同样的梦，那么世界就会变成同一个整体。”“想象一下，并没有所谓的天堂也不是件太糟糕的事。想象一下，地下不再有地狱，我们头顶上只有蓝天。想象一下，所有的人只为过好今天而活着。”“能想象到世间没有所谓的拥有什么，不再有食欲，不再有饥荒，人间处处成为充满爱的整体。”

一群梦想着建造理想社会的人，一同在共同体村庄里观看约翰·列侬一生的奇妙夜晚。一群想象着“另外一个世界”的人，一同在村庄里感受“理想世界”的特别夜晚。影片结束后，一群人骑着电动摩托各自回家，我跟在人群队伍后，发了会儿呆，也启动了我的电动摩托。过了政务厅，过了静思殿，黑暗之中，我忍不住回头再次向远处眺望。

坐姿端正的女人和站着的女人都朝向同一个地方眺望，顺着她们的视线望去，便看到了静思殿。

她们眺望的是一个闪着金光的圆顶屋，像一朵完整的黄色花朵一般。

物质主义者，精神主义者

在来到奥罗村之后，看到的能与广阔天宇亲密接触的建筑物恐怕首先要数公共建筑——政务厅了。这就让我想起了初次上那儿办理游客通行证的情景。透过静思殿远远望去，政务厅一层大堂便清晰可见，大堂门外有两位姿态优雅的女人。刚开始，我以为她们在专注思考着什么，一个女人站着，一个女人坐着。坐着的女人是个印度女人，深褐色的皮肤，黑色的长头发披散下来，头上还插着一朵白色的茉莉花；背后站的是一个金色头发的白皮肤女人。坐姿端正的女人和站着的女人都朝向同一个地方眺望，顺着她们的视线望去，便看到了静思殿。我第一次在奥罗村看到静思殿便是那一刻。

她们眺望的是一个闪着金光的圆顶屋，啊，原来这就是静思殿，像一朵完整的黄色花朵一般。这时，她们好像在小声嘀咕着什么。站着的女人轻柔地抚摩着坐着女人的肩膀、脖子、背等肢体部位，她们闭着双眼，非常安静地移动着。这一幕，让我真切感受到，这里，就是奥罗村了！虽然看似在按摩，但那安静而节制的动作，目的一定不是按摩身体，而是抚慰人们的心灵。这样的感觉如此强烈，或许这就是人们所说的“统合瑜伽”吧。

第一天看到给人按摩的女人名叫卓，当然这也是后来才知道的。

在奥罗村的月刊杂志《今日奥罗村》里，我看过卓的专访。她曾说过，最重要的事，是那双眼看不见的事。她曾在中国学习过指压法，对佛教修行很感兴趣，认为“探索内心机能”的事情很有意思。她还说，一个人若是能拥有宁静的内心，便能净化周围的环境，也会得到周围的共鸣。

我对卓在政务厅里为别人按摩的事很有兴趣。她在奥罗村生活期间，从事过不同的工作，最近在做的工作就是在政务厅里为别人按摩。奥罗村的人里面，在政务厅工作的人因为工作对象通常是外部人，而且事务繁杂，往往没有闲暇时间照顾自己的内心。卓说，她想为因工作上的事情常常不得已生气烦心的政务厅工作人员消除紧张和压力，于是她就开始从事现在这份工作——在政务厅大堂一层里，为需要按摩的人进行按摩治疗。卓的这份工作，受到越来越多政务厅里上班族的喜爱，甚至还需要提前预约。虽然卓也想过，如果有别的想做的事情或是找到另外的工作，她会离开这里，但每当闭上眼睛，总会浮现出自己像在沙漠中用手指触碰到泉水般抚慰人们身体和心灵的影像。

从政务厅回家的路上，伸手不见五指。在奥罗村里，太阳下山后会变成一个完全黑暗的世界，如果没有手电筒，一定没有办法走回家门。我依靠着电动摩托微弱的车灯回家。刚才分明聚满了人，不一会儿三三两两地都走散了，连个人影儿都看不见。漆黑一片的树丛里延伸出来一条黄土小路。在完全黑暗的境地，本应多少感到恐慌，但不知为何却让人感到一种平和宁静的气氛。担心电动摩托发出突突突不和谐的声音打扰了夜间的昆虫休息，我熄了火，推着车，慢慢地走起来。边走边说着，我今天可是看了《约翰·列侬的理想世界》呢！

一边走，一边寻思着。

很多时候，听起来多么高屋建瓴的论调、沸沸腾腾大作宣扬，究其实质，还是源于金钱和社会地位的需要。越是老派的人群越是如此。不知不觉，我也成了这样的“老派人群”。当曾经的年轻人变成了老派人士，也许我们便会把“恭喜发财”“富强国家”这样的话语挂在嘴边，或是把这样的目标当成人生追求，成为一名集团利益追求者。和平、幸福、共存、生活品质等，这些有价值的东西何其之多，为什么人们往往对“发财”“强大”这些字眼有着无穷的欲望？在现在这个新自由主义盛行的时代，世界富国的逻辑是，单纯一个国家单位在大环境下不会受到大的利益影响，最终的胜者将是全球性的资本。而事实上，国家利益只是被资本力量所掌控和利用的一个单位而已。在当今社会，为了追逐金钱这一种物质，人类的全部精神世界都被改造。但是，奥罗村这里是个例外。你若在这里问别人：你做什么

工作？你用什么方式来挣钱？所有的人都会回答：我做我喜欢的工作，并且用以维持生计。这便是与世间不同的一种价值观，有别于为了集团利益而存在的人生目标，就像卓一样。

在这里，完全不能从外表来判断一个人。比如说，在韩国，人通常会抱有“至少要穿成这样走出去才不会被人瞧不起”的想法，有的人从 20 岁开始就为了各式名牌使尽浑身解数。为了购买一个名牌提包，甚至不惜耗费很长一段时期的积蓄，即使没有真正的名牌，好歹也要买个“精仿”……这样的意识在这里是不可想象和理解的。

在一次演讲上，我曾经向台下的韩国年轻人发问：“为什么喜欢名牌背包？”有人说：“一进到百货商场你知道店员先看什么吗？你的背包和鞋。她们一看我背的包和穿的鞋，就能判断我是不是买得起她们商品的客人。如果没有一款名牌背包，连百货商场的店员都不会拿正眼瞧我。”这就是韩国社会赤裸裸的现实。如果问中年人，得到的回答也是一样的，没有人会没有名牌背包。这需要理由吗？要是一定要说出什么理由，对于用名牌背包来提高自己身价的他们来说，听得最多的理由无非是“因为好看”，另外一个就是经久耐用。但究其购买名牌的最终缘由，还是金钱的因素。因为价格昂贵才更加想拥有的心理，说得更直白些，就是背着名牌背包，别人就不会轻视、小看自己。这样以貌取人的心理在我们的社会中大行其道，照此态势发展下去，当大多数人都拥有了名牌背包，这些人又会推动名牌的升级，名牌圈子里也会随之产生阶层和阶级。如此循环往复，当某一天，我们发现自己已经被推到了最下端的位置，该是件多么无奈又沮丧的事啊！所以我常常跟年轻的朋友们说：“孩子们，当你在为名牌包纠结苦恼时，不妨自己亲手制作一个背包，这可是世界上独一无二的专属背包！它足以证明你独特的价值，也一定会为你带来足够高的关注！”

奥罗村里别的不敢多说，类似这样的烦心事可以说是完全没有。大家都穿着尽可能简单的衣服，脚上随意地穿着拖鞋（当然还有很多不穿鞋的人）。人们的着装虽然简单，却不失风味，也尽显自由。偶尔会看到穿着极具个性的人，但他们的目的也绝不是为了在社会中获得他人的认可。在这里，没有人会关注你今天穿了什么样的衣服，或是拿了价值多少的背包。在这里，没有必要用外形上的要素来抬高自己的身价，也不用担心别人会因为外貌而看不起你。如果有人存有这样的心理，那么，他只会被大家认为是灵魂贫瘠的人。

我曾去萨达纳森林旅行过，跟一位法国女人从早到晚地待在一起。她是一位认为奥罗村外面的世界更加混浊的女人，她的穿着是奥罗村里很少见的华丽风格，让人过目难忘。她说，来过奥罗村两次，第一次来的时候，感觉一般，可是过了些日子回想起来，才发现自己是多么想念这里，想到快要生病了。那时候，刚好与相爱的人分手了，妈妈也过世了，于是更加发疯般地想回奥罗村。她知道她想找寻的并不是巴黎市内一个更加舒适的住所，也不是一个用以结婚的男人，不知为何，现实竟将她逼迫到如此境地。我突然冒出个想法，若是几年后我再次回到奥罗村，一定会看到已经成为奥罗村村民的她吧。

在奥罗村里，遇上平凡的村民，聊一聊，你会理解他们为什么选择在这里生活。可能你不一定能理解“神圣意识”之类的概念，但你一定可以确定，他们关注的不是金钱也不是肉眼可以看到的物质。所以，在这里待上一段时间，你可以感受到我们自己到底有多么强烈地被这个物质的社会束缚住了手脚。

奥罗村里的物质基本都是全民共享（当然也不排除有的人私藏着几张巨额存折），不会因为谁的家大些、谁的家小些、别人家如何如何而产生相互竞争的关系，也没有人自虐式地非得拿自己与别人比较，自讨辛苦。随着印度物价的逐渐上涨，建造房屋的费用也在上升，那些想成为奥罗村村民的人也感受到经济压力的加大。但即使这样，奥罗村里的所有房屋，包括个人建造的，个人只拥有使用权，没有所有权。当你在这里建造了一所房屋，如果长时间空置，那这所房屋的使用权将移交给需要它的居民。也许用当今社会上的主流观点来看，房屋的真正功能或许早已不是居住，而是个人财产的一种表现形式。若要以这样的观点来看奥罗村的情形，一定会无法理解。但我个人非常欣赏奥罗村里房屋“不归谁所有”的方式，即使用自己的钱建造了房屋也只不过是这间房子的一名“乘客”，并不是主人。那么，我真得真心感谢允许我来到这所房子里停留驻足的缘分了。

伸手不见五指的黑暗里，我推着电动摩托慢慢地往前走，抬头看看天空，蔚蓝深邃的秋日夜空，头顶上是猎户星座。啊，我最爱的猎户星座！一边望着猎户星座一边走着，猛地想起会咬猎手脚后跟的蝎子来！在奥罗村的夜里一定得打着手电筒行路，因为要特别小心蛇和蝎子。嗨！虽然我也很想见一见蝎子的模样，但如果让我踩到再生一通气实在有点耗费精神，所以每次都得打着手电筒。想到这里，我马上启动我那善良的电动摩托，飞快地骑了上去，再飞快地朝家的方向飞奔。哎哟！再怎样深刻的思考，也比不上可怕的蝎子重要。

教育有三大原则：没有什么可以教授的；从最近的地方开始，然后推广到深远处；人的成长，要接受本心的引渡。

无所教

我来到奥罗村之后看的第一场演出是青年营的圣诞季演出，那天是我来到这里的第二天。树林中的演出场在满月月光的映照下，显得分外明亮。冬天的太阳在傍晚 7 点落山，树林里的派对也在那个时候开始。青年营的屋顶用透明的、凹凸不平的塑料板围成半月形，屋顶下面像杂技场一样悬挂着帷帐。在树林里的空地上，舞台的四周摆放着几把椅子，舞台的一边正在做着比萨和奶茶等美味小吃，另一边崭新乐队的孩子们已经开始演出了。这是一支由正在上中学的孩子们自发组成的乐队，其中还有两名韩国少年。他们当中有人唱歌，有人弹钢琴，有人敲架子鼓，有人吹萨克斯，孩子们的歌声真可谓天籁之音。树林里传来虫子的鸣叫，前来观看演出的大人和孩子们的身影在柔白月光的映衬下更显温暖，为这个月圆之夜更添一份和谐。

接下来的节目是与崭新乐队的孩子们的表演完全不一样的风格，看上去大约 70 岁、典型嬉皮士风格的老爷爷乔治，带领着由他的老伙伴组成的乐队上台了。乔治穿着及膝的裙子，包着穆斯林的头巾，激情四射地边唱边跳，不禁让人有些担心他会一不小心摔倒在台上。

乔治和他的乐队一开始唱歌跳舞，台下最兴奋的居然是一群孩子，炸开了锅似的孩子们一个个在地上打滚。受了孩子们的感染，20来岁的年轻人也开始迈开了舞步，渐渐地，大人们也参与了进来。霎时，树林里的空地上完全变成了一个偌大的舞池。我平生第一次见到所有年龄层的观众欢聚一堂、幸福热闹的场面。

也许是第一次骑电动摩托的缘故，我的手腕和脚踝都有些酸痛，于是我早早就爬到舞台后面照明组的设备旁边老老实实地坐着，看着这热闹的光影自己却不能参与其中，只能勉强跟着一起扭动着上半身。这时旁边坐着的一位村民告诉了我乔治这么受小孩子们欢迎的原因：与初到奥罗村还不能适应这里环境的小孩子们玩耍便是乔治在奥罗村的工作！哈，原来孩子们对乔治的簇拥和追捧是出于这样的缘由！这位老人家的“工作”竟是跟小孩子们玩耍！很久以前，诗人黄学州写过一篇文章，讲述他在非洲建立了一所学校，自己担任“玩耍”课的老师。当时看了这篇文章，我一直非常羡慕可以将与孩子们玩耍当作一门正式学科来教授的作者。

紧接着，一个没头没尾的念头从我的脑袋里冒了出来。这个看起来很幸福的嬉皮士老爷爷，在家里还曾吸食过大麻什么的也不一定。但这又有什么关系，自己感到幸福，并且能把这份幸福传递给周围的人们，何况他本人也很享受这样的过程。

白色的月光，红色的泥土路，翠绿的树林，我走在回家的路上，脑子里一直回想着崭新乐队孩子们的音乐带给我的感动，乔治乐队那极具感染力的音乐，以及蹦跳着给乔治乐队伴舞的孩子们的模样……一切都在我眼前晃动着，就像天上闪耀的星星一样。那个连最基本的照明也要靠村民转动发电机的小小空地，那些因为忘了携带相机而没能拍下留作纪念的珍贵瞬间，那群在满月的月光下闪闪发光的孩子！扭动着身体，全身心感受到愉悦，发自内心地欢呼、雀跃、奔跑、拥抱，这群天真的少男少女啊！我突然非常好奇，这样全身闪耀着光芒的孩子是在怎样的教育环境中成长起来的。

在这里，孩子们不会丢失自己的灵魂和灵感，自然茁壮地成长。学校教育的目的并不是为了通过考试或是获取资格和地位，而是为了培养自己的能力，并且习得新的技能。

在那个幸福记忆满溢的夜晚，一回到家，我便重新翻开了奥罗村妈妈的*A dream*，别的暂且不论，我很想探究一下这其中教育之“梦”究竟是怎样的模样。后来我了解到，嬉皮士老爷爷乔治生活在弗塔逸社区，他在那里从事教育实验，是个有名的教育主导人物。他这样表述他的教育哲学：“不论是做面包、修自行车还是种树，都应该得到分数，这与学校里的学分是一样的，一样具有价值。应该把这些综合起来，成为奥罗村学位的最基础部分，而我们的奥罗村学位也一定会世界闻名。”这才是他的梦想。特别是他所提到的“奥罗村学位”，这的确是具有深远意义的理念。应该说，这其实是把奥罗村整体的生活氛围作大学或者研究院，而这样的学位，也具有积极的意义吧。这里的人们，一次又一次深深地吸引着我。

来到奥罗村以后，令我羡慕不已的事物中的一个便是这里的教育制度。奥罗村一年的预算中，支出的最大部分在教育方面。

奥罗村里有幼儿园、小学、初中和高中（没有大学是奥罗村学生家长们最大的心病）。从幼儿园到高中都是义务教育并且提供免费用餐，高中生甚至还能定期从学校里拿到一定的零用钱（奥罗村并不收取学生的费用，而是用一个账户把学生的公共资金保存起来，这个钱则用于购买学生们“放学后课堂”的教材或是作为备用金使用）。我经常在太阳能餐厅二楼的咖啡屋里看到三三两两的学生聚在一起，一边喝着香浓的咖啡，一边热烈地讨论着、玩闹着，这样的聚会所支出的经费学校都细心地考虑到了。

正如奥罗村妈妈和奥罗村第一代居民梦想的那样，这里的学校不用成绩来评价学生，也不颁发毕业证。学校最基本的原则便是，我们不要竞争，不会用 ABC 或者优良中差来给学生划分等级。一个学

期结束，老师们会给学生们写很长的意见评语，仅此而已。

这里的孩子很会“玩”。在这样的教育环境下，为了更好地去“玩”，大部分的孩子都拥有各式各样的特长，在艺术方面也很有造诣。所有的艺术都有助于培养孩子的人格，这样的认识可以算是深入人心。所以，大部分的孩子都很有艺术气质。在“未来学校”这所大概拥有 50 名学生的高中里，平均每个教师负责 2 名学生。普通教师与志愿服务的兴趣班教师加起来与学生的数量基本相当，孩子们希望能像这样接受到高水准教师的教育，假使自己对某个事物感兴趣，即便这个事物并不是所谓的某种学科，也能够有教师来为自己讲授。

学生们对教师的信任度也很高。就算是对学习没有兴趣的孩子，也会很乐意去学校上学。为什么？教师们都很清楚自己的使命，我们不是去教孩子们什么，孩子们都有自己内在的才能，我们只是帮助他们去发掘而已。

我非常惊叹他们通过“唤醒身体”这样的课程，让孩子们早早学会与自然相处，早早领略大自然的魅力。当问到“为什么觉得学校好”的时候，得到的也尽是简单的答案：“学校里树多，很漂亮！”“老师们很有趣！”孩子们在给出这样简单回答的时候，清澈的眼睛里闪烁着幸福的光芒。在学校怎么会这么幸福？对我们来说，“学校”就是小学、初中、高中这样的一个顺序，或是为了进入下一级更好的学校而必经的过程。从上小学开始，我们就开始感受到成绩的重压，一生中最多愁善感、最富想象力的12年就这样被大小考试的压力充斥着，自己的灵魂也因此受到禁锢。奥罗村学校教育的目的不是为了让学生进入一流的大学，找到一份优秀的工作，然后挣到可观的收入，他们只是帮助每个人都能找到属于自己的最幸福的生活方式，所以在这样的环境下，孩子们当然是幸福快乐的。这样看来，社会环境若是没有变化，学校的教育也就不会发生改变。我的思绪越来越纷杂。

一位少年闭着眼睛拥抱大树，一位少年额头上放着冰块躺在草地里，一位闭着眼睛的少女与另一位少年手掌相接，一个少年在树叶下面侧耳聆听，一个少女眼睛盯着蜡烛，一对少男少女用手掌认真地围成圆圈。几个少男少女相对坐着，摊开手心，相互感应彼此身体的气息，然后将手掌放到胸前，感受自己的心跳和呼吸。与事物相接触，化身为事物；慢慢散步，感受自己的身体；喊出声音，感受身体的共鸣；感受他人的呼吸；在大自然里闭上眼睛散步，感受阳光，感

受微风；拥抱石头和大树，感受水与火。让大自然中的一切材质来唤醒组成我们身体的材质，全身心去感受、去接纳、去表现。把这样一门课程当作重要课程来传授的学校，正一天天地将孩子们引上艺术家的道路。

奥罗村的语言教育具有独特的优势。孩子们从很小的时候便在幼儿园里学习英语、法语、泰米尔语、梵语的歌曲，学校里的各个年级也进行着多语种的教学，学生可以在任何时候挑选希望学习的语言（这里聚集了全世界 40 多个国家来的居民，据说能进行 40 种以上的语言教学）。这里可以说为孩子们培养语言能力提供了最优秀的环境。

奥罗村里有两所高中，拉斯特学校有 10 多名学生，未来学校有 50 多名学生。拉斯特学校可以说正努力维持着奥罗村之梦里所描述的教育形态，那里崇尚奥罗村自由至上的教育目标。奥罗宾多认为，"教师不能只是对学生提出要求，如果家长和教师一味地对学生施以期望，将孩子推至恐惧的境地，这也是一种野蛮的暴力。"在这样的理念指导下，他培育了许多学生。学校教授的科目有历史、文化、语言、文学、哲学、数学、科学，还会学习各种各样的艺术学科作为辅助课程。中学是五年学制，但所谓的五年制也并没有特别实际的意义。没有事先设定好的教学课程，孩子们只需要选择自己喜爱的科目，然后自己安排学习。更让人不可思议的是，拉斯特学校里的学生甚至可以自己决定毕业时间。当自己认为可以毕业了，那就毕业，当然也没有所谓的毕业证。你能够想象吗？一所自己能够决定是否毕业的学校！

虽然拉斯特学校的教育模式堪称理想，但是有个问题是，学生要想进入外面的大学便很困难。基于这样的现实，未来学校应运而生。未来学校参考对比英国的高中学制，努力摸索进入外部大学所需要的学科知识，并探索能够被外界所接受的方法，同时还要保持这里的教育理念。因此，如何将国际标准融入奥罗村的教育体系，也成了奥罗村的教师与对教育抱着浓厚兴趣的奥罗村人共同关心的问题。

如果向考入大学、得到外界学历认证的方向努力，这其中所作出的妥协和让步是和奥罗村妈妈以及奥罗宾多的教育哲学相悖的。这样的声音虽不可忽略，但奥罗村的高中教育仍然没有遗弃奥罗村的教育哲学。也有不少奥罗村村民担心拉斯特学校的学生越来越少，但在我看来，奥罗村的教育方向正向着最智慧的形态发展。奥罗村的教育组织已经进行了充分的研究，为拉斯特学校和未来学校的发展把好了脉：拉斯特学校应该致力于发展高水准的艺术教育，以艺术学校来定位学校的发展，与未来学校有所区分，并且两所学校应该相互补充，相辅相成，成为一个统一的系统。

奥罗村的孩子们对奥罗村有着特别的感情。越是接触过奥罗村以外世界的人越是如此。奥罗村里当然也有毕生都在村里成长生活的

FUTURE SCHOOL
AUROVILLE

人，但是也有非常大的比例是在外界学习之后回到这里想为自己家乡奉献力量的年轻人。在外国上学的孩子中，有 80%最终都重新回到了奥罗村。这一点似乎并不难理解。

室利 · 奥罗宾多说过一句话：

“教育有三大原则：没有什么可以教授的；从最近的地方开始，然后推广到深远处；人的成长要接受本心的引渡。”

细细品味这句话，我深表赞同。“跟随自己内心的声音成长”，这样的学校教育渐渐消失。而我们现在的模样，本质上是错把别人的欲望误以为是我们自己的欲望成长的结果，其实我们只是个可怜的影子罢了。

打开心门，清空自我，认清自己是怎样的一个人，这样的自我认知能够给人带来幸福。

在世，但别入世

在奥罗村里生活的人群中，也有看起来过得很孤独的人。与其说是体制的问题，不如说是无法逾越各自心墙而产生的问题。我曾遇见过奥罗村创建初期因为太孤独甚至想过离开这里的人。共同体中的孤独，如果无法克服，那么共同体里的生活将会越来越艰难。一开始出发的时候，个人的生活与社会现实是不可能统一的。选择了共同体的生活便会迎来不可逃避的孤独，如果不能控制，便会变得倍加艰辛。但是，不以金钱和社会所认同的成功为自己人生努力方向的人们聚集起来，内心释放出相同波长的电波，彼此感应相通，便会遇上许多真正的朋友。但这样的过程本身要经历非常痛苦的煎熬。

打开心门，清空自我，认清自己是怎样的一个人，这样的自我认知能够给人带来幸福，即使放在奥罗村以外的世界也是一项非常必要的功课。奥罗村里没有浑浑噩噩的人，不论出于什么原因，如果将自己的人生完全放置到另外的起跑线上，那么这样的人不能称之为有个性，顶多视为有些蛮力或者力气使不到对的地方。

奥罗村毕竟集结了许多梦想人类和谐的人，是一个有梦想的共同体，这里的人们自觉地进行自我认知，是个幸福之地。初到奥罗村里

越是感到苦痛的人越容易成为极具个性或是自我认知能力极强的人。

如果说成人要通过不小的努力才能打开心门，那么奥罗村里最不需要刻意努力也最容易适应环境的就要数孩子了。在我相识的人群里，最能自然融入到奥罗村的生活、拥有似乎是与生俱来、无比强大的适应能力的是一个5岁半的孩子，叫银洙。在太阳能餐厅里吃饭的时候，银洙能与所有人成为朋友，不论在哪里，他都能跟别人聊上几句，牵着陌生人的手，或是爬到不相识的人的肚皮上，开心地嬉闹着。银洙的这些行为用韩国人的视角来看，该算是十分危险的。“小孩绝对不能与陌生人接近！”这是韩国孩子最常从大人那儿听到的训话。奥罗村里的所有大人都像银洙的父母一样，保护关怀着银洙。虽然并没有“共同育儿”的概念，但是在小孩子的培育上确实可以放心，小孩子们拥有足够的安全和自由。银洙很喜欢帮助邻居的爷爷做些事，喜欢给别人讲有趣的故事，喜欢从自己的宝贝箱子里拿出几颗大大小小的圆石头或者硬币，邀请别人跟他一起玩，他能画很好看的画儿，笑得跟阳光一样灿烂。在太阳能餐厅里吃饭的大人几乎都认识这个小孩，都很喜欢跟他玩儿。在这里，大人和孩子都像朋友般相处，没有隔阂和差别，大人和孩子的心都是敞开的。在银洙面前，我也不自觉地卸下了所有武装。

阳光明媚的一个冬日，我到太阳能餐厅二楼的咖啡店吃饭喝咖啡，一个从韩国来的小孩与银洙和雅耶正玩得欢实。这个韩国小孩是与父母一起来旅游的，年龄与银洙相仿，性格很开朗。三个小孩子跳来跳去，没一会儿就跑到我的餐桌边打开我的小本儿开始胡乱写起名字来，一时间我的笔记本变成了孩子们的图画本。银洙用圆珠笔画了个细长的东西，“这是一艘船”，接着他开始画鱼。雅耶和韩国小客人把头凑到小本儿上，聚精会神地盯着小伙伴画画。银洙画好了几条鱼之后，突然，韩国小客人叫了一声“炮弹”！我被这唐突的声音吓了一跳，仔细一看，原来银洙正用圆珠笔勾画着一个又一个的圆圈。“什么炮弹？”听到我的问话，小客人这回改口说：“是鱼雷。”

韩国孩子的耳边常常听到“天安舰事件”“延坪岛炮击”这样的字眼，从他们的口中说出“炮弹”“鱼雷”这些词也不能算作太出

奇的事。不是有人常说，孩子们就是没有作过画的空白图画纸吗？

银洙和雅耶听不懂“鱼雷”的意思。雅耶平常说的是英语，自然听不懂韩语，银洙虽然能说韩语和英语，但也还是听不懂，因为对鱼雷完全没有概念。银洙还在认真地画着圆圈，我问他：“这是什么呀？”银洙回答道：“这是给小鱼喂的饭。”韩国小客人又在一旁叫着：“炮弹！鱼雷！”这个时候我完全不知道从教育的角度上来说应该怎样做，于是只能悄悄地把小本儿翻到下一页。“画下一个吧！”这个时候，雅耶画了一个巨大无比的冰激淋。韩国小客人叫雅耶把画笔给他，随后在冰激淋四周加上了歪歪扭扭的线条。“这是什么？”我问道。孩子回答：“这是个通了电的冰激淋。”通电的冰激淋！这样丰富的想象力是从哪里来的？接着，他问我：“电用英语怎么说？”

像是要对雅耶解说这个想法的样子。我不知道该说不该说，如果不告诉他只怕他会难过。我犹豫了一会儿告诉了他。孩子的表情灿烂了起来，用响亮的声音说着："这个是通电冰激淋！不能偷吃也不能抢走的，因为通上电了！"听了小客人的说明，银洙和雅耶还是发着愣，似乎不能理解通电冰激淋的意思。"哎呀，太没意思了，我们到那边玩吧！"韩国小客人说道。

银洙和雅耶都点着头，哇啦啦地跑开了，随后传来三个孩子银铃般的笑声。我略微紧张的情绪也放松下来。孩子们走后的位置空空荡荡，一时间，我的心情像是被一阵大雨冲洗过一般。

银洙喜欢画画儿，只要手上有纸和笔便会随手画起画来。银洙画的画一般都是滚圆滚圆的，看起来像曼陀罗，而且布局工整，色感柔和。一天，我把银洙涂鸦的作品放到院子里，让太阳星星和风都来欣赏。然后告诉银洙，太阳公公说银洙画的画可好看呢。银洙不好意思地嘿嘿笑起来，然后凑到我的耳边，问："风怎么说？""嗯，也说画得很好。"银洙羞涩地笑了，眼角笑成了一弯月牙。在一堂练习画草丛的课上，银洙用笔和墨认真地画着什么。"画什么呀？""画老鼠。"大概是银洙在草丛里看到过老鼠，于是就像模像样地画起老鼠来。"老鼠旁边是草吗？""是的，是草。""老鼠漂亮吗？""漂亮。大人都讨厌老鼠，我也讨厌。"但是银洙还不会区分"喜欢"和

“讨厌”的意义，只知道老鼠有生命，小草有生命，花朵也有生命。银洙在草丛里发现的虽然不是花朵，但是这只老鼠怎么看都像一朵曼陀罗。

银洙在奥罗村里幸福地成长，在世间任何地方都无法比拟的教育环境中成长，并度过人生中美好的青少年时期。我对他说：“银洙真幸福呀！”银洙清脆地应声道：“嗯！”声音响亮，像一泓清澈的泉水。我突然感觉到口渴，很想喝水，于是提起水桶准备去太阳能餐厅。一边走一边祈盼，奥罗村的父母要多费心多努力，不要让奥罗村里成长的孩子觉得世界只是这么巴掌大的一块。

风里传来一句话，像是《薄伽梵歌》里提到过的一样，“居于世，但不要成为世间的一部分”，劝告人们不要忘了自己而盲目地生活。奥罗村里的孩子应该以这样的姿态生活下去。

我想我永远不会忘记穿着最自然的衣服，打着赤脚，在树林里到处奔跑的青年的模样。为什么？不需要任何的修饰语，只是因为，他们的美丽。

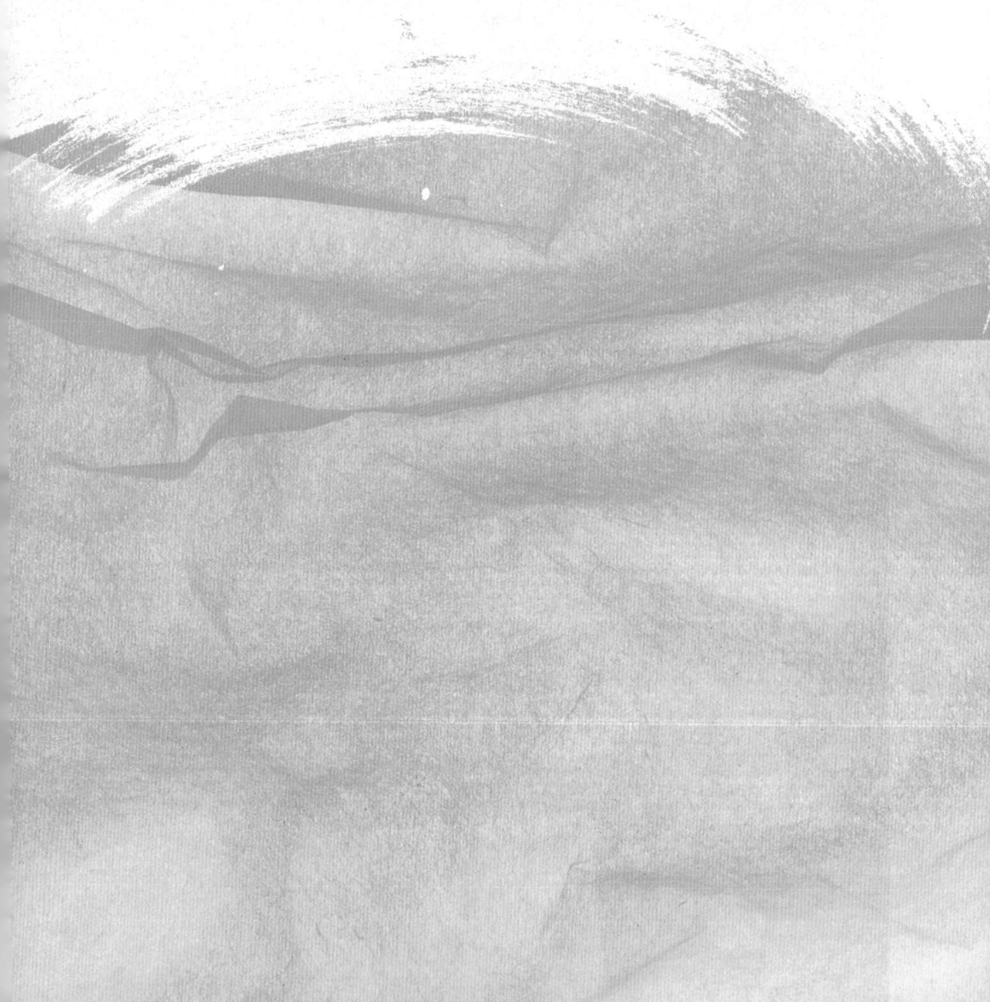

树林中的回音，我们都是树啊

据说那里与奥罗村建设初期的样子很相似，所以备感好奇。奥罗村建设初期是什么样子……树丛的外形还是没有电的生活？一开始以为是这些方面相似而已，待到去了萨达纳森林以后，才知道，原来所指的相似是热情，那自发的献身精神和饱满的能量！

萨达纳森林距离太阳能餐厅有20分钟的车程，是一个奥罗村郊外的社区森林。“萨达纳”在梵语里是指为了实现某种目的而倾注努力和热情。为了纪念人们修复森林所耗费的努力和热情，于是把森林命名为萨达纳森林。因为太喜欢那里，我甚至每周五都会过去一趟。

萨达纳森林最初是由以色列的临床心理学夫妇、同时也是奥罗村人的阿利兰和乔莉于2003年12月与一名新村民及一名长期志愿者一同将奥罗村附近的70英亩（约0.3平方千米）荒地买下，并开始改造为森林。他们把改造树林当作事业来进行实验，意将这片与奥罗村有一定距离的荒地改造成为生态环境良好、适宜居住生活的森林。

萨达纳森林作为一个生态社区森林，研究大地和人们是如何和

谐共存并将之付诸实践是它的使命。来自世界各地的志愿者被人们造林运动的热情所感染，投身到了这里，开始呈现出热火朝天的景象。现如今，最大的一棵树已经有 8 岁了，森林也越发郁郁葱葱。要是我再年轻 10 岁……啊，怎么会从我口中发出这样的感叹！我曾经对韩国社会里过度的甚至有些畸形的“怀念年轻症”有些腹诽，向来对悠然老去的人心怀崇敬，像今天这样怀念从前，希望再年轻 10 岁的感叹真是有些久违又陌生。要是再年轻 10 岁，我便可以在这里度过一段青春时光。当然，萨达纳森林并不只是年轻人才能待的地方。最初建造森林的阿利兰和乔莉现在已经 40 多岁了，在这里也会偶尔发现年长一些的志愿者，当然更多的还是年轻人。

一开始的时候，为了在这里建造森林，他们募集到了一些钱，并且打算用 10 年。但是刚开始不到 1 年，这些钱就全部花光了。这里气候炎热，土地贫瘠，想开垦一片森林真是比登天还难。寸草不生的荒地到了夏天气温攀升至45摄氏度以上，再加上这里每逢雨季便会有3个月左右持续不断的雨天。在夏季和雨季甚至蔬菜都没法生长的土地上种植苗木，就算满腔热情加上十足的努力，最后也逃脱不了苗木干枯至死的命运。苗木死了再种，如此循环往复，直到有一天发现苗木已经慢慢开始长出了根系，这时该有多么高兴啊！最初这里的原住民（这里的原住民与奥罗村郊外的原住民共同生活在一起）曾断言说想在这里造森林，简直就是异想天开。但是现在7年过去了，这里已经长成了一片森林，不知情况的人晃眼一看还以为是杂木林呢！这里是小树林，虽然都还很小，但这是正在成长的少年之林、少女之林！

建造森林7年来，渐渐的，恶劣的炎热气候和季风带来的湿润气息竟给树木的生长带来了帮助。为了适应这里的气候，树木尽心尽力地努力生长，雨季里吸吮雨露的滋润，旱季里接受阳光的照耀，就这样茁壮地成长着。因为这片萨达纳森林，周围甚至更远的村落的水源都得以保障。

奥罗村太阳能餐厅里的食物都是以奶蛋素食标准制作的素食。唯一可以算作动物性饮食的是每周一次用奥罗村自产鸡蛋搭配咖喱和马沙拉烹制的菜肴。对了，还有一样，就是我每每用来招待客人的酸奶。但在萨达纳森林里，完全不食用动物性饮食，是绝对的纯素食主义。听了萨达纳森林里年轻人执着于纯素食的原因后，我甚至也开始考虑是不是应该开始素食的生活。

不管是奥罗村太阳能餐厅坚持素食的理由，还是萨达纳森林里更严格地坚持素食的理由，都是为了避免肉食主义对地球环境造成的伤害。萨达纳森林里拥有清澈眼神的年轻人述说着他们固守素食主义是为了坚决地实践不杀生的理念。听了这话，我的心像被刺中了一样，不杀生，为了非暴力的和平而实践的素食主义。

人们对饮食的诉求，有时甚至充满了贪欲。而这些年轻人，不愿意为了糊自己的口而让别的生命受到痛苦。青年发表了“不杀生”的言论后，他前面一个齐刘海的澳大利亚女孩接上了话，说她原来非常喜欢肉食，但是听到如果一个人一年不吃肉便能救活一英亩（约4047 平方米）森林的言语后很受触动，强迫自己进行为期一年的素食生活。刚开始只是抱着试一试的心态，没想到竟很好地坚持了下来。

我平时不太喜欢肉食，只是偶尔地吃一些。平均每个月大概会吃一到两次，如果韩国餐厅里有一些肉食，我也会夹几片。不是一定要吃，而是因为跟别的菜一起上桌了，夹杂着吃一些更有滋味。能勾起我食欲的主要是蔬菜和水果，一想到光泽和色彩都很诱人的蔬菜和水果，不知为何心情就会大好。平时基本不会有很想吃肉的念头。因为我平时基本不吃肉，顶多吃一些奶制品、鸡蛋和海鲜，所以可以算作半素食主义者，就算马上转变为素食主义者，也不会有太大的困难。但我为什么没有想过要转变为“素食主义者”呢？

不管是肉食还是素食，重要的是我们应该对被我们摄取的生命抱有感激，这样才会珍视进入我们口中的食物，才会为了更好地利用能量而努力地生活——这就是我长期以来对待食物的看法。但随着时间的流逝，我对这个想法产生了怀疑，因为我看到了由于人类的肉食习惯，给地球带来了恶劣影响。这样的局面与其说是肉食习惯造成的，倒不如说是在大量农场体系下人们对动物的饲养欲望越来越膨胀的结果。

随着肉类消费需求的增长，必将会带来农场体系下大量的饲养动物，也必然会带来森林的破坏。为了建造更多的屠宰场，开垦更多的农田，制作更多的饲料，从卫星地图上看过去，不断采伐树木的亚马孙河流域一带已经惨不忍睹。同时，规模饲养的动物所呼出的二氧化碳气体已成为地球温室化的主犯之一。记得我曾看过一个调查研究，畜牧业中饲养动物所产生的二氧化碳气体比汽车所排放的二氧化碳气体数值更大。甚至还有研究表明，一半以上的二氧化碳气体来自畜牧业。每当我开车的时候总是带着负罪感，因为开着燃油车总是非常担心会给地球的生态造成破坏。我热爱驾驶，因为混合动力汽车的价格过于昂贵而从未敢动过念想，于是每次都要经受愧疚的折磨。在看了这份研究报告之后，我产生了这样的想法，要不要成为一名素食主义者，以此来弥补驾驶燃油汽车产生的罪恶感？

一边开着汽车、一边感到罪恶感的人们和一边用纸书写、一边担心树木的人们，如果对肉食这件事上不能持有明确的观点，似乎就说不过去。萨达纳森林的年轻人一边食用着素食，一边这样说着。这些一边谈论着非暴力和平问题，一边幸福地食用素食的朝气蓬勃的年轻人，如果到韩国看一看会有什么感受呢？在韩国，基本找不到素食主义者专用的饭店，而且说到素食主义者，人们都会带上异样的眼光去看待，可以说，韩国是个还不能正视素食主义的国家。一个素食主义者在韩国生活会遇到很多麻烦，得不到别人的理解，韩国的社会就是这样，常常对与自己有所区别的“异类”很吝啬，难以给予认同。奥罗村里的人们主要食素，偶尔遇上有食肉习惯的客人也不会用异样的眼光对待。当碰上一些正式的应酬，被问到喜欢什么样的饮食时，我一般都会回答，我什么都能吃。这样的应答也是为了让别人感觉到我并不是一个性格刁钻挑剔的人，算是一种自我保护的方式吧。

刚到萨达纳森林的时候，品尝过一种橘子松饼，那味道真叫人难以忘怀。不添加任何鸡蛋和牛奶，只用有机农白糖调味，这样做出来的橘子松饼味道清新香甜，绝对的纯天然口味！在大院子里一起享

用的晚餐真可谓今生难忘。一个浅浅的盘子和一个小小的勺，便是全部的餐具，整个用餐的过程中，越发感到放入口中的食物有一种粗糙但却营养丰富的美感。这样美妙的素食，让人感受到非常强烈的充沛能量。这“粗糙的美食”，每次我都品尝得津津有味。

萨达纳森林里所用的电均为太阳能提供的电能。因为访客过多，食材尚不能自给自足，但除了食材外，村里的所有生活所需均自行解决。有一次我看到一个简易的盥洗台，因地制宜地利用一只破了一个小洞的铁碗来作水流出来的出水口。看到这样的设计，我笑了好一会儿，实在太可爱太巧妙了。这个简易盥洗台的外观与周围的香蕉树相得益彰，并且还可以节约用水，如果以后我也有个小院子，我一定也会做一个类似的设计。

萨达纳森林里是用太阳能发电，如果遇上季风季节或者阴雨天气，就得用自行车发电来作为补充。想到世界各国来的青年志愿者们并排地骑着自行车，拼命地踩着脚踏板，豆大的汗珠不停地流下来，我又禁不住笑出声来。这实在是太可爱了！

萨达纳森林里每天有值日生志愿者，用一曲“早晨歌”把萨达纳森林唤醒。即使这样，萨达纳森林里的所有工作都没有强制性，甚至当你不想工作的时候便可以直接休息。简单的呼吸冥想和合唱萨达纳之歌后，人们用互相拥抱来开始一天的工作。“第一件共同体的工作”便是植树。一大清早，迎着阳光走到森林深处挖土、施肥、浇水、种上苗木。为了阻止树木周围的水分蒸发，还得把落叶收集起来覆盖到树根位置，再用泥土在周围堆成小坡，这样，才算完成一棵树木的种植工作（我到萨达纳森林里游玩的时候发现，虽然只是一棵小树，但也需要精心培育，如果缺乏诚意和耐心，树木在这片贫瘠的土地上便很难生根，为了树木的健康成长，这里的志愿者们可谓是煞费苦心）。早晨一般植树 2 个半小时，回来之后便是早餐时间。早餐菜谱是 3 ～ 4 个品种的水果沙拉和粥，吃过早餐后可以休息片刻。

“第二件共同体的工作”开始的时间是 10 点，这是为一起生活的 70 ～ 80 名共同体成员做一些生活必需的事务。餐前准备、厨房整理、生火、打扫卫生间、清理洗漱台积水、洗床单枕套、打扫院子、森林里捡拾树枝、锯木头、给菜地浇水等，做着做着，就到 12 点半的午餐时间了。早上这两件共同体的工作完成后，大家一起到大院子里吃午餐。午餐之后的时间是大家的自由时间，有些人会洗碗，有些人会准备晚餐，其余的人有的读书、有的参加兴趣小组的活动。兴趣小组可以说是志愿者们展示自己才能的一个平台，音乐学习、乐器学习、各国语言学习、瑜伽、扑克、舞蹈等，丰富多彩。下午 6 点是晚餐时间。晚餐过后，会有歌舞派对，各个兴趣小组又重新活动起来，并且每一天活动的内容、主题都不尽相同。每周五会定期放映电影，

周围村子以及奥罗村的村民和游客都可以一起观看。我常常很担心，这里平均每个季度都会有至少来自 10 个国家的青年在这里相会，会不会有什么矛盾冲突或者意见不合呢？不知道是不是因为阿利兰和乔莉是临床心理学学者的缘故，不论是在分享松饼的时候，或是在厨房里忙里偷闲拍照的时候，还是在吃饭时间转动餐盘的时候，志愿者们都能互相关照、互相体谅，让人感到温暖，明朗纯粹的青春能量在彼此间真诚传递。

萨达纳森林里共同创造出森林的青年们享受着这人生中最豪情万丈的实验，这一切都是实验和挑战。

本来可以按照原本的生活方式，住在自己的房间里痛快地吃肉，用着自动冲水的卫生间和化学合成的清洗剂，但他们选择了挑战别样的生活，开始一种全新的生活。本来还是衣来伸手、饭来张口的年龄，年轻的他们却为了别人的需要提供着便利，这真让人肃然起敬，不得不佩服。“帮助了你，我也得到成长。”他们如是说。

走过一两岁的小树旁边时，一位青年很紧张地拜托：“小心点，不要踩了旁边的泥土！”那眼神是那么可爱，我忍不住看了又看。提着水桶的一位姑娘显得那样生气勃勃又充满魅力，我忍不住看了又看。她穿着一件无袖的T恤衫，没有穿内衣，乳房若隐若现，汗珠流过她的脸颊也全然不顾。在西方人看来，这个年纪的小女孩并没有诱惑别人的想法，因此这样大胆一些的穿着也无可非议。但在韩国，一定不能接受这样不穿内衣暴露胸部的行为。在这里，年轻人之间几乎或者该说绝对没有非分的怪想，因此也没有人介意。现在的社会，有多少人为了勾起别人的欲望，处心积虑地制造所谓的“美丽”，那是多让人疲倦不堪又难以理解的舞台。在奥罗村这里，不必为任何人表现你的身体，不需要为了别人的视线去修饰外貌。我想我永远不会忘记穿着最自然的衣服、打着赤脚、在树林里到处奔跑的青年的模样。为什么？不需要任何的修饰语，只是因为，他们的美丽。

这里基本上没有剩余的食物，在制作食物的过程中剩下的残留物与卫生间的大便一起经过发酵，作为肥料在植树的时候会用上。这里的卫生间看上去像蓝精灵可爱的蘑菇房，但是没有异味。不仅没有异味，而且卫生间内部干净整洁，坐在卫生间里，看着头顶的蓝天白云，甚至品尝一些橘子松饼都无妨。这里有分开的大便处和小便处，大便会用锯末覆盖，之后用作肥料。萨达纳森林里的每一处都体现着为地球环境考虑的理念，为了找寻可持续发展的生活方式，处处都在做着大大小小的实验。萨达纳森林里没有烟、酒、毒品，一切化学制品也都禁止使用。宿舍的房间门口挂着个什么东西，原来是可爱的环保牙膏筒！

在这样美丽又原始的小树林村庄里，我夜不能寐。

这里为志愿者们提供两周的宿舍住宿。宿舍是用大树当栋梁，一层厚厚的树叶覆盖在屋顶上，这样的房屋是泰米尔纳德邦地区的传统住房，用一块薄布和一顶蚊帐来划分屋内空间。盖着被子躺在床上，我不禁感叹，我老了啊！每周五到萨达纳森林里用晚餐，然后欣赏各式各样的电影，直至晚归。这样的周五总是让人心潮澎湃，幸福不已。

我想我会一直想念在大院子里看过的电影，想念这偶尔还会用脚踩自行车来发电，定期在这小树林里播放的电影！是不是有点像年轻人呢？忙完了一天的工作，可以尽情地玩乐。吃过晚餐，来到这个悬挂一块白布来当作屏幕的大院子，只需要一台笔记本电脑和一些简单的设备，就可以享受这里内容丰富的电影。我在萨达纳森林里看过的纪录片都像份珍贵的礼物，给我留下了非常特别的回忆。大院子里观看电影的人群，每人都用自己最舒适的姿势观赏着电影。前排的观众有的甚至躺着观看，虽然可能会妨碍到别的观众，但只要得到周围人的允许，想怎么样看都没有问题。多么舒适、自然，多么体贴、随性！在这样的氛围当中，每个青年都可以自在地感受和想象。比如，我是水，我是风，我是空气。

又比如，我是爱。

如果说有天堂，天堂的条件是幸福。幸福从爱中来，有爱便是幸福。不仅在人与人之间存在着爱，时间和空间也包含着爱。

那里热闹自在，谈笑风生，村民们彼此拥抱，开展各式各样的兴趣小组活动，分享各种文化生活信息。大家在一起谈天说地，笑逐颜开。

素食的猫，
在“太阳君”餐厅用餐

夜深了，屋子外面突然掉落了什么。直觉是一只番木瓜。啊，番木瓜！拿上手电筒想出去捡拾这只掉落的番木瓜。但是，怎么又像是有什么人在外面？还能听到沙沙沙的脚步声，就像小松鼠或是小猫咪这样小巧敏捷的动物发出的声响。出门一看，是只小猫咪，原来不仅仅是我对这只熟透的番木瓜心生念想，还有一只想把番木瓜当夜宵的小猫咪。在这个村落里，许多人不吃肉，于是这村落里的野生动物也有了这么多素食主义者啊！嘿嘿，想吃番木瓜的小猫咪！

虽然对各位美食家感到抱歉，但我的确不怎么喜欢“美食”。所谓“美食”，其实类似于“贪食”。在世界各国的高级美食盛宴上，我未曾收获过任何感动。坦率地说，面对一大桌的高级美食，我常常感到抗拒。中国的乳猪、法国的鹅肝，一想到就让人感到不快。

虽然现在的“美食”让人们大快朵颐，但是却离真正的美味越来越远。我认为最好的美食是用最新鲜的食材、最单纯的烹调方法来烹饪：水煮或清蒸，偶尔煎炒。色彩鲜艳的蔬菜和水果，光是看着，便已有治疗的功效。我不喜欢肉食的最重要理由其实也很单纯，已经

有这么美味的植物，为什么一定要吃并不好吃的肉类？对肉食的社会性、伦理性问题倒还是次要的考虑了。

探寻植物的味道是一件无穷无尽的事情。能供人类食用的所有植物都有其固有的味道和香味，不同植物的味道、香味、口感各有不同，不像由相似蛋白质构成的肉类的味道有其局限性。而能将蔬菜的固有味道原汁原味地表现出来的人才真正具有美食家的资格，美食家的权威也只有在人们享受这些材料的美味时才会体现。菜做得越来越复杂，反而丢失了食材原本的味道，或者将固有的味道弄得混乱不堪，仿佛这才是真正的料理。我并不喜欢复杂的菜肴，于是这样给予料理师一个定义：最优秀的料理师应该是能够识别最好的食材，并且对自己手中的食材以礼相待的人，而更优秀的料理师则是用自己生产的食材来制作料理，直接收获最无公害料理的人。我什么时候才能成为一名优秀的料理师呢？虽然常常梦想着，但仍有很长一段路要走。

在奥罗村的公共食堂太阳能餐厅里有这样一位优秀的料理师。

太阳能餐厅就像它的名字一样，是用太阳的光热来做饭的。太阳能餐厅用半径 15 米的集热器将太阳光热收集起来，全部用以做饭。天气晴朗的时候，一天能生成 600 千克的蒸汽，可用来准备 2000 人的用餐；阴雨天气里，与电能一起使用。太阳能餐厅里的大部分食材都是来自奥罗村农场里村民们自己生产的有机蔬菜，如果不能完全满足需要，也会从班加罗尔有机农场里补充一些不足的食材。

在太阳能餐厅里做饭的人们在开始干活之前，会整理干净指甲和头发，然后聚到一起做冥想。每个人心中都拥有神圣的思想，祝愿吃饭的人们健康和幸福。

在奥罗村里居住的村民中，一半的人会到太阳能餐厅用餐，剩余一半的人要么自己在家里制作本国的饮食，要么就是所住社区离餐厅太远，来回不方便。像我这样的游客，每一餐只需花 1200 韩元（长期游客便宜些，本地村民比长期游客更便宜）就能获得满满一大盘的有机蔬果，要怎么样来表达这种幸福之情?

在这个餐厅里是不使用现金的，奥罗村民只需说出自己的账号即可、游客只需出示游客卡即可。游客卡里已经存入了一定的金额，所以这当然不是免费的午餐。在一些游客众多的地方，比如商店，还是可以使用现金的，但在太阳能食堂则一定要使用奥罗村的卡。我想这也是有一定的象征意义的吧，虽然事先存进了一定的金额，但实际上并没有直接用钱交易，所以氛围上让人感觉不一样。在我们的既有观念里，常常觉得只要有钱，就可以买到一切好吃的，以至于忽略了这些吃的究竟是从哪里来的问题。所以即使是象征的意义，我个人也非常满意太阳能餐厅的这种方式。

在一起吃饭的人很快就熟络了起来，可以称作“饭友”吧！偌大的餐厅里满满地聚集了村里村外的人，通过吃饭这样一件简单的事，增进了邻里之间的感情。静思殿可以看作灵魂生活的中心，太阳能餐厅可以看作日常生活的中心，在一起吃饭甚至可以算作奥罗村里生活的中心。围坐在圆桌旁吃饭的人们，分享着日常生活中的各种琐事细节。

第一次去太阳能餐厅吃饭的时候，我心里暗自想象那里应该是一种“冥想”的气氛吧，但是我错了。那里热闹自在，谈笑风生，村民们彼此拥抱，开展各式各样的兴趣小组活动，分享各种文化生活信息。大家在一起谈天说地，笑逐颜开。谁的演出值得一看、家里需要更换枕头套、在本地治里的某家商店刚好有打折活动等，日常生活中的琐碎信息都可以在这里充分地交流。

餐具只有勺子一个、叉子一把，我喜欢这样的简单。我不喜欢一顿饭复杂地使用许多刀、叉、勺的西洋式饮食方式，让人感到无比重的负担，坦率地说，还有些可笑。这世界上还有多少连一顿饭都吃不上以至于饿死的孩子？又有多少只能用手来抓着脏兮兮的饭送入口中的孩子？我本能地抗拒那种频繁更换餐具的用餐过程，太浪费精力。

用餐结束时，要自己将用过的餐具用水简单清洗后，放入清洁桶。将勺子和叉子扔到桶中发出刺耳声音的多半是刚进村的欧美游客。不知缘何，西方人用完东西后通常喜欢随手一扔，我很介意这一点。在把勺子、叉子扔出刺耳声音的游客后面，我故意小心翼翼地将勺子、叉子放入桶中，我后面的孩子也有样学样地跟着做。与孩子们相互对视的时候，我笑了起来。我很想对他们说，快到萨达纳森林参观一下吧，但是最终话没说出口。突然感觉到，韩国真是一个有着良好灵魂传统的国家。为了避免伤害到土地中的微小生物，我们有着从来不向地上泼洒热水的习惯。我们的祖先种豆的时候，为了让鸟和别的动物也分吃一些，会特意种下三棵豆秧。我们从小就受着不能浪费粮食的教育。西方人如果想学习“灵魂的修为”，就应该从生活习惯开始向东方人学习那悠久的传统。

在这里，商品不再是用金钱买卖的概念，而是一种“分享”。商品的利润也不是目的，而是为了在奥罗村现有条件下人们的相互照应和分享。

没有价签的超市，一切为了大家

不管在任何地方，只有解决了最基本的衣食住行需求，才能维持一个地域的基本运转功能。奥罗村的经济形态是资本主义和社会主义的结合，并且两种形式互相拉锯博弈。奥罗村里的住房原则上不归任何个人所有，一切都算作集体共同财产，但其余的东西是允许私有的。奥罗村里有一个叫普图司的超市，在那里，我们可以读懂奥罗村的经济概念。

普图司超市现在分为老普图司和新普图司两家超市。原有的老普图司超市处在郊区，与现在的村中心距离甚远，人们往来不便，于是在太阳能餐厅旁边新开了一家新普图司超市，这两家超市的运营方式是不一样的。在“一切为了大家”的理念下运营的新普图司超市其实带有一种“生活协助”的性质，在这里可以找到米、蔬菜、水果、加工食品等食材以及各种各样的生活必需品，大部分物品都是奥罗村生产的有机农产品。与太阳能餐厅一样，在这里“购买”生活必需品时，是不使用货币的。

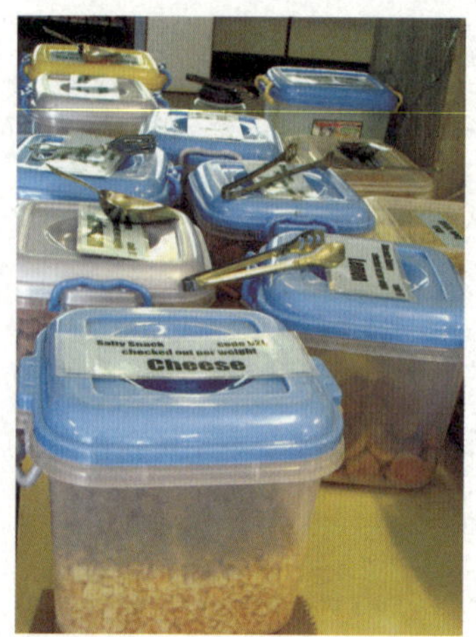
Cheese

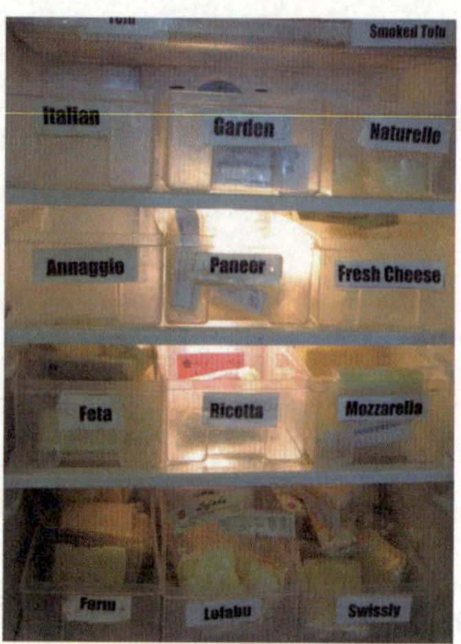
Smoked Tofu
Italian
Garden
Naturelle
Annaggio
Paneer
Fresh Cheese
Feta
Ricotta
Mozzarella
Farm
Lofabu
Swissly

Black Olives
Pesto

PLEASE
deposit ONLY
CLEAN BAGS
for re-use
THANK YOU

新普图司超市是专供奥罗村人使用的商店，所有的物品都没有价签，所以，奥罗村人从这里拿走了多少价格的商品，他们自己是不清楚的。在“一切为了大家”理念的引领下，人们只是拿走各自需要的东西而已。当然也会有管理员负责把他们拿走的东西记录下来换算成具体金额，并且每个月会汇总计算每个人的消费金额。有些人会花掉比个人补助还多的金额，也有的人没花多少。虽然每个人的消费情况有所差别，但总体上来说，数值是基本平衡的。但如果某些家庭连续几个月都超支消费，那么超市也会找他们谈话，告知他们如果拿走太多商品的话就会影响别的家庭生活。新普图司虽然是一家超市，但这家超市追求的不是利益，而是在进行一种“分享理念”的实验。

新普图司超市里的商品没有价签的现象，与其说是出于某种实用的目的，倒不如说是一种象征，是为了唤起人们对“奥罗村精神究竟是什么”的重视。在这里，商品不再是用金钱买卖的概念，而是一种“分享”。商品的利润也不是目的，而是为了在奥罗村现有条件下人们的相互照应和分享。

在老普图司超市里游客可以使用游客卡购买物品，那里的商品贴有价签。贴上了价签的物品便具备了通常意义上的交易。因为有人对这样的方式提出了异议，并且有许多人同意这样的呼声，于是人们组成了一个提议建立新普图司超市的小组，推动并促成了新普图司超

市的开业，可以说，这是又一个实践奥罗村理想的平台。新普图司超市旁边有一家自由小店，人们将自己闲置不用的各种衣物、鞋、包等捐献出来放到店里，供有需要的人使用，算是一种循环利用。

目前，村民们的总体氛围以尊重新普图司超市理念和原则的居多，但也有一些反对的声音，一位名叫奥列的俄罗斯籍奥罗村人就不喜欢新普图司的方式。他大概40岁，在20来岁的时候，他一直享受着从上至下发放的补给。那段时间留给他的印象太过深刻，以至于他宁可绕远去老普图司超市购物，也从来不去新普图司超市。究其原因，就是因为他想清楚地了解自己所使用的一切物品的价值，而不喜欢对自己拿回来的东西的价格一无所知。当他说到“在我拿到一个物品的时候，我想要知道它的价格”时，我有些感慨，这与在资本主义社会中生活的我对于只能用钱来买到所需物件的感受似乎有些不同。他的观点是，他想清清楚楚、明明白白地做一切事情，这也是一种在奥罗村里存在的、很有意义的观点。

新普图司和老普图司两家超市的物品都算不上丰富，虽然生活用品品种较为齐全，但是可以挑选的种类并不多。

奥罗村的有机牛奶只有在一大清早才有，所以那些一定要喝奥罗村牛奶的人应该是非常勤快的人。我是个有睡懒觉习惯的人，所以一次也没能尝上奥罗村的牛奶。这里的物质条件不算很匮乏，也不算很充足。但即使物质条件不够充足，也不会影响奥罗村的生活品质。因为在这里，贫穷的奥罗村人与富有的奥罗村人之间不会有因贫富差距而产生的压迫感，这里不是一个会因存折上数字的大小而能够产生压迫感的社会体系。

仅从物质上来考量的话，奥罗村里的生活不能说是富足的。对于从四季分明的温带地区过来的人们来说，这里的气候简直糟透了。这是一片炽热的土地，最热的时候气温高达 50 摄氏度，据说在这里曾有人因为受不了高达 50 摄氏度的炎热而自杀。在夏季，这里的叶子几乎能着起火来，自然也就无法生产蔬菜。因为植物难以适应这样炎热的气候，所以南印度蔬菜最丰富的季节不是夏天而是冬天。曾有一位在印度长期生活的人如是说，印度之所以能成为修行的国家，不是因为她的灵性，而是因为她的气候。夏天高达 50 摄氏度的高温让人无法做任何事情，只感到精神恍惚，身体困倦，于是就一动不动地在树荫底下待着，忽然就在某一天，参透了人类的苦痛。因为气候实在过于恶劣，若不是在印度本土出生的孩子，在如此炎热的夏天很难在这里待下去。所以，从温带地区来的奥罗村人因为实在难以适应这里的气候，一到夏天，通常会回到自己的祖国。不过，当然也有在这样气候下选择留在这里的人。留下来的人各自做着自己的事，坚持冥想，守着村子，度过夏天。而这些守在村子里的人之间也会因为共同留在这里而产生亲近感。啊，原来你也留在这里过夏天啊！这样想着，便会产生一种默契。

就这样，炎热的时期持续着，当某一天下起雨的时候，便是季风期的开始。刚开始下雨的时候，人们会欢呼着到外面淋雨，但是在这个对暖气没有概念的地方，3 个月的季风期一直这样持续不断地下

雨，房间里便会变得阴冷起来，体感温度也会下降。就这样，在持续半年以上的酷暑和季风期过去之后，便会迎来一年中最快活的季节——两三个月的冬季。我虽然到印度旅行过许多次，但是听着人们对印度气候的闲谈，我深感自己不能说对印度有完全的了解，因为我一次都没在夏天来到过印度。每次我都是挑选最适合旅行的“旅游旺季”来到印度，所以每次看到的印度都是冬天的模样。我非常害怕寒冷，总是在韩国的冬季里到别的国家旅行。我想以后我再也不会说对印度很了解这样的话了。

虽然物质不够丰富，气候也很恶劣，但是奥罗村人还是会重新回到这里。大部分人在便捷又安乐、而且可以买到任何一样所需物品的发达国家里过完了夏天，应该不愿意再回到这里才对吧？但是我想还是因为奥罗村生活的品质，生活的幸福感把他们重新唤回来了吧！

相爱的人真美，这世上最有力量的人是相爱的人。相爱的人之间有着最深的亲密感和魔法般的一体性。人们漫长的一生，是靠着这样的爱和感情来支撑的。如果没有爱，人生将会多么枯燥和乏味，而且还会带来伤害。

相爱的人最美丽

折断的枯木上坐着一只松鼠，吱吱吱吱地叫着。这个折断的树枝成了对松鼠来说刚刚好的一把椅子。原来每一样来到这世间的物品都会有它的用处。白天时听到吱吱喳喳的声音，我以为是小鸟的叫声，把相机镜头拉近一看，才发现原来发出声响的是一只松鼠。在另一根细长的树枝上俨然还站着另外一只松鼠，吱吱吱，喳喳喳，它们像在交谈。声音是那样富有节奏感，只可惜我听不懂。

在奥罗村的时间过得很慢。闲着没事时我就在林子里到处逛逛，看到蚂蚁窝便蹲下来，看一看远处的花和草，找一找发出动听声音的小鸟，听一听松鼠的声音，又或者追逐那蜥蜴一家，然后就看到了林子里恋爱的人们。

看到的第一对情侣是一对印度青年。他们把摩托车停在一旁，在路边坐下。女孩有些羞涩，上身稍稍倾斜。男孩身穿一条小喇叭裤，边跟女孩谈着天，边咬着手中一根长长的草。多么熟悉的风景啊！他们的周围仿佛升起一个彩虹般的光环。那儿是他们的圣地。我骑着电动摩托轻轻地从他们身边绕过，生怕打扰他们。

相爱的人真美，这世上最有力量的人是相爱的人。相爱的人之间有着最深的亲密感和魔法般的一体性。人们漫长的一生，是靠着这样的爱和感情来支撑的。如果没有爱，人生将会多么枯燥和乏味，而且还会带来伤害。就算爱了会受伤，但人们仍义无反顾地坠入爱河。

在奥罗村里，许多男女以“伴侣”之名生活着。谁也不是谁的妻子、丈夫，只是自然地相互称呼为“伴侣”。他们既是生活中的伴侣，又是灵魂上的依靠，形式上也不尽相同。如果有了孩子而最终却选择了分手，那二人就共同承担抚养孩子的责任。就算最终分手，也很少有大吵大闹最后成为仇人的情况。

但也有遗憾的事情。一位奥罗村人告诉我，韩国曾有一位女同性恋者询问女同性恋情侣能不能在奥罗村里自在地生活，大概因为女同性恋情侣在韩国社会里生活得太过痛苦，所以这位女性才会提出这样的问题，真让人感到揪心。她想寻找一个能够接受她们的爱情、让她们自由幸福生活的处所。奥罗村人坦率地告诉她，这里对女同性恋情侣仍有心理上的抗拒感，虽然可以生活，但是可能有相当长的一段时期要忍受来自周围的异样眼光。我虽然在肉体上是一个异性恋者，但在感情上、政治上却支持双性恋。人与人之间相互喜欢直至相爱，不应该区分男性还是女性、正常还是非正常，这其实是一种暴力的规则。所以我希望奥罗村在两性之间的感情上也应该有更多样性的认同。尊重每个人的个性和特殊性，保护这所有的特殊性并不使其丧失，让其形成一个完整的整体，这才应该是更符合奥罗村特色的做法。

但是在这里，离过婚是不会成为污点的。这并不是说在这样的环境中，人们自觉地调整心态，让离过婚不会成为两人重新结合的障碍，而应该说对于这样的状况，人们能够比较自然地去接受。许多人以伴侣之名共同生活，也并不是说在当地的婚姻制度下自觉进行的一种有意识的选择，而是大家自然而然地一直用这样的方式生活的结果，并且能够相互理解、相互包容。所以即使在这个追求个性的小社会里，其实还是有保守的人的。

如果说在这个世上一定要用什么字眼来表现自己的喜好和立场，我想我最看重的是爱和自由。没有什么是一成不变的，一切皆有改变的可能，我欣赏“自由自在”这样的词汇。如果不像韩国这么强调集体主义，各自保有各自的见解该会是多么有趣的一件事情啊！

我相信幸福是有质感的。如果将幸福定义为获得物质，那么这样的幸福将是非常容易破裂的幸福。当然，物质会给人以幸福感，但如果沉浸在这样的感觉中，想要追求更多的幸福，则必将需要更多的物质。如此往复，就会陷入恶性循环。或许，物质带来的幸福只能称之为快感，而不能称之为幸福感。

比起外面世界通过疯狂追求物质富足而享受快感的人们，说不定奥罗村里的人们过得会更加幸福一些。

但是，我是说偶尔，那些太虔诚的奥罗村人，在音乐会这样的场合也不会激动兴奋得拍手欢呼，而是一如既往地冥想，这时我便会感到莫名的紧张。并不是不能理解生活中的冥想，举个例子，一行禅师温和的微笑已经成为他面容的一部分，生活中的冥想也有可能像微笑一样，变成生活的一部分。通过冥想的生活化，我们希望抵达幸福和和平的彼岸。欣赏音乐也是一种冥想，在那些表情中写满了厌恶激动拍手的人群面前，我虽然有些不好意思，但还是兴奋地拍起手来。因为我的内心就是想这样做。如果说日常生活中的所有状态都可以算作冥想状态，那么冥想也可以呈现轻松的形式。只要灵魂是平和的、自由的，就不应该有任何形式上的界限。没有界限的状态应该是被允许的，有谁规定说一定要严肃又固守成规的?

相爱的人不该静寂又呆板，可以被感动，可以被同化，应该不受外界约束地相处下去。所以我是如此喜欢相爱的人啊!

在“爱”这个社区里，没有关闭着的门。这个没有门的空间，可以用作客厅，可以用作房间，可以用作寝室，可以用作厨房。在这样的空间里，满满的都是爱的气息。年轻的情侣如何分享爱的秘密?也许只有树林才知道答案了吧。

在黎明之中，我揣摩着怀抱白蕊花瓶眺望远方的老妇人的心情，不由自主地为她祈祷起来。不要太过挂念，这里的人们不会辜负您的努力，他们会努力继续这份事业。

拥着白蕊花瓶，
眺望着你的远方

1月1日清晨，我围上长长的围巾，向静思殿附近的圆形广场出发。虽然已经6点多了，但是天色还是很暗。在没有人烟的路上走了好一会儿，我终于看到一两个人影。这些三三两两走着或是骑着自行车、电动摩托的人，在这黑暗的清晨里不约而同地聚集在一起，他们想做什么呢?

日出前的静思殿在黑暗中活像一颗闪着金光的蛋。

旁边的圆形广场上，放着昨天用曼陀罗花做成的花烛。有不少人已经围坐在圆形广场的楼梯上，每个人都很宁静。有打禅的，有伸直了双腿的，有与恋人肩并肩靠坐在一起的，有静坐着默想的。宁静是这里的空气，宁静之中一切都能被包容。

天渐渐开始亮了，人也渐渐多了起来。听说今年不再点篝火（平时这里用点燃篝火的方式来迎接新年，又称作凤火），而是简单地摆放曼陀罗花（奥罗村的篝火曾经非常有名，印度各地的人们都一窝蜂地涌到这儿看篝火，打破了这里的宁静，导致发生了问题，3年前甚至发生过“酒瓶之乱”。那以后，人们便逐渐缩小了篝火的规模）。我一直期盼着看一看这里的篝火，所以听到取消篝火的消息后，我的

心情难免有些失落。不过在这新年的清晨里，与审视自身的人群一同在圆形广场上宁静地小坐，对于我来说，已经足矣。

奥罗村的正式活动也绝不喧闹。演出和演戏的场所比较热闹，有时还会伴随自由的歌舞，但是像这样的正式活动通常没有明显的什么时候开始、什么时候结束的界限，开端和终止都是完全开放的。

昨天在做花的摆设时也是如此。负责摆花的人通知了这里需要些人手的消息，不一会儿人们就从四面八方聚集过来了。这些人听到消息后像是被一种缘分牵引着一般，默默地来到这里做起了志愿者。如此这般，水到渠成。在摆放曼陀罗花的时候，一旁的台阶上有两个安放音箱和简易扩音器的人。他们把扩音器摆放到最佳位置并且试了几次效果之后就安静地离开了。仅此而已。

新年第一天的正式仪式，如果放在韩国，会设计成很正规的仪式流程。许多人会为地点场合、活动内容、出场顺序等一系列的内容争论不休，主持人要向台下观众介绍到场嘉宾，总之，所有活动就像做菜依次放入调料一样，都会严格地按照流程进行。一件件具体落实，开始和结束都有非常明显的界定，似乎这样才是值得肯定的韩国式仪式。但是这里的活动，连流程都是这样模糊不清。

在清晨刚刚开始掀开黑暗面纱的一瞬间，不知是谁将曼陀罗花丛中的蜡烛点燃了，这便是仪式的开始，并且也是仪式的全部。人们从四面八方赶来，安静地迎接着黎明。不大的扩音器里传来音乐声和奥罗村宪章的朗读声，惊醒的鸟儿发出清脆的叫声，为新年献上第一份礼物。天完全亮的时候，人们从冥想和寂静中苏醒，互相问候着新年快乐，深情地拥抱，然后各自回到自己的家或者工作场所。开始是一两个人离场，然后所有的人也跟着陆续离场，就这样，仪式自然而然地画上终止符。要问仪式是什么时候结束的，或许只有最后一个离开的人才知道，又或者是那个收拾扩音器的人才知道。

我喜欢这样的仪式，没有界定清晰的开始与结束。黎明的空气真好，发丝中散发着树林的气息，像被人挠了痒痒一样，有一种重获新生之感，甚是愉快！伴随着泥土气息渗透进皮肤的感觉，我与其他村民一起默想，暗下决心，今年我定要更加努力。

祝愿我爱的人幸福，祝愿痛苦中的人早日解脱；期盼我们心中的神灵，而不是那天空中的神灵，能够苏醒；爱与和平，自由与感恩，勇气与智慧，谦逊与纯真。希望地球上所有愿意一同分享的心灵，无论喜悦还是悲伤，永不消逝；一起相拥流下的热泪永远不会干涸，心

门敞开。

回家的路上，看到一个洋槐树般的女人身影。这是一个印第安老妇人，像棵洋槐树一样矗立着。在圆形广场上，她捧着一个用世界各国泥土封印过的白蕊花瓶，眺望着太阳就要升起的东方天空。银发老妇人的新年祈愿会是什么呢？她在向往新的理想，还是做着自由的梦，又或是缅忆着逝去的青春？她亲手浇水种下的树，现在已经足以给奥罗村的孩子们带来郁郁葱葱、香气四溢的绿荫，而老妇人也已步入迟暮之年。作为奥罗村第一代人，她会为奥罗村祈祷什么？在奥罗村的日子里，我几乎每周都会阅读《新闻摘要》，上面登载有许多奥罗村里老年人的福音纪事。在黎明之中，我揣摩着怀抱白蕊花瓶眺望远方的老妇人的心情，不由自主地为她祈祷起来。不要太过挂念，这里的人们不会辜负您的努力，他们会努力继续这份事业。这里的荒地从种下梦想的种子开始，历经三代人的辛勤耕耘，奉献的精神和意志深深渗入人们的灵魂和基因深处。再怎样崭新的想法，都是从这样的基因中发展和进化而来的。

对于经过 40 年的建设，基本上已经接近尾声的静思殿，我没有太多话要说。内部的工程已经竣工，外墙正在做装饰，外部庭院正在修建。整个建筑的红色底座是用石头砌成 12 片花瓣的模样，中心部分是金光闪闪的圆顶。在泰米尔语里，“静思殿”意为“母性的殿堂”。

听到这样的释义时，我拼命点头表示赞同。静思殿的设计者将建筑设计得像一个金色的蛋，在圆形子宫里孕育着一个曼陀罗的梦。

但是，于我而言，这金色的圆形建筑与奥罗村的整体氛围并不是十分搭调。它的外部太过于华丽闪亮，莫名地让人产生距离感。在印度，金是一种代表着真实感的金属。印度最贫穷的人为了追求这种“真实感”，也会用黄金制作耳环、鼻环或手镯来佩戴。按理说，这个用金色来装饰的外形不应该给人以太多的距离感。但是即使不带偏见来看，这个建筑也的确不能算是一座魅力四射的建筑。

比起静思殿的外部，其内部空间着实让人满意许多。静思殿内部什么都没有，极尽简洁。独特的螺旋造型、纯白色的冥想厅中央，放置着一个直径约为 70 厘米的水晶球，屋顶洒下的光线只能透过水晶球发射开来。没有任何宗教的形式，也没有任何宗教的形象，但在圆形水晶球前坐下来，瞬间便会心绪安宁，获得平静。这里没有设定好的冥想法则，只须用自己最喜爱的方式，用最自然的姿势，与自己的心灵对话。在这里唯一的要求便是，宁静（随着静思殿访客和为访客做指引的志愿者数量的过度增长，这里开始过分强调呆板的姿势和肃静，反而一定程度上影响了这里原本自然的宁静）。我曾进入内部两次，第一次感觉很好，第二次感觉还是很好。

但是，比起待在静思殿来，每次坐在榕树下的感觉更好。还有，坐在圆形广场的台阶上遥望着盛有世界各国泥土的白蕊花瓶的时候，感觉更好。早期的奥罗村人赤手空拳地在这里开始建造梦想的家园，当他们站在榕树下互相交流着眼神，互相鼓舞着士气，肩并着肩，这样的想象总是那么令人感动。为了梦想无私地奉献，为了找寻灵魂的归宿，他们选择了痛并快乐着的旅程，这样的奉献精神成就了这一片奇迹般的林子。看尽了奥罗村一切迂回曲折故事的榕树啊！每当想到这儿，不论我身在哪儿，总想回到榕树下坐上一会儿。

这棵极具灵性的奥罗村榕树，从主干上分生出许多枝干继续往土地里生长，然后重新长出新的根基，在根基供养着众多枝干的同时，枝干也在养育着根基，榕树的生态与奥罗村的形式十分吻合。这棵榕树是一棵树，同时也是许多棵树，许多棵树同时也只是一棵树。就好比我们来自世界各地的各种民族，只是一个地球人，我们作为一个个体的同时，也是共同体中的一分子。在印度的许多地方都能看到榕树，但静思殿前的榕树有一种别处榕树无法比拟的、动人心弦的力量。每每坐在榕树下的时候，都会升起一股特别的能量。大家不约而同地相聚在这尘土飞扬之地，沾上来自世界各国的尘土，在这个具有历史意义的空间——圆形广场里安坐着，祈愿人类和平、灵魂进步，不能不让人感动。榕树与圆形广场这两处场所，足以称为“奥罗村心脏”。榕树充满生机，是大自然中神圣的“建筑”，它与一旁呈曼陀罗花状展开的螺旋形圆形广场堪称完美的冥想之地。在我看来，若是周围再建起美丽的庭院就更加完美了，但是不管怎么说，静思殿毕竟是人们用40年心血打造出来的伟绩。

或许应该说静思殿是我们现阶段意识的晴雨表。印度各个地区的人们纷纷来到奥罗村的原因，与其说是对奥罗村的好奇，不如说是冲着静思殿的名气。如果没有呈现在眼前的这座建筑，人们或许不会那么热衷于来到这里。就像热衷于去看泰姬陵一般，人们来到这里看一看静思殿，试图用这样的方式，与奥罗宾多及奥罗村妈妈相遇，仿佛或多或少能够触碰到那个伟大的净化人类灵魂之梦。

如果说静思殿是一个神圣的空间，那一定是缘于人们在这里倾注了40年的心血。如果说不那么神圣，我想也是出于相同的理由。

所幸的是，静思殿比榕树低矮一些。榕树是一部活的历史，随着时间的流逝，会越发枝繁叶茂，同时，金黄色的静思殿在榕树的衬托下，也会越发显得娇小可爱。但是当静思殿变得像一颗漂亮的蛋时，奥罗村会进化成什么模样？那时，我已成为一位白发苍苍的老奶奶了吧。如果那一天真的到来，我也会像“洋槐树般的女人”一样，在圆形广场上，抱着白蕊花瓶，眺望着那远方的天空吗？当我成为白发苍苍的老奶奶时，我也会像她一样将白色的头发长长地垂在两边吗？

（我还是摆脱不了装优雅的毛病，头脑里首先浮现的是这般如画的情景。）那样的年纪，那样的打扮，在韩国是会被议论为老不正经的。突然，我握紧了双手，按你的想法做吧，去做吧！从陈旧的观念里，从一定要梳与年龄相符发型的旧习中跳出来吧！像白发魔女林青霞一样，将头发披散着，像洋槐树般的女人一样，轻轻在头发上插上一朵茉莉花。活着就应该享受属于银发老奶奶自己的自由自在。

吸气，我诞生了，呼气，我死亡了。就这样，我仿佛看见了我的生死，诞生的那一刻也伴随着死亡，死亡之后又是一轮新的诞生。哦，阳光！不论生与死，都值得感谢。

一切事物，
起源于发现

“去干什么？”“去运动！”经常看到这样对话的孩子。如果想去运动该上哪儿去呢？这里哪儿有健身房？

在首尔，我惧怕的场所之一便是健身房。特别是在那些装有大块大块透明玻璃的健身房里，能够清楚地看到二楼或是三楼许多人聚集一堂，在跑步机上奔跑或是使用别的运动器械，汗如雨下。这样的场景让我莫名地感到恐惧。

听到孩子们说去运动，出于强烈的好奇心，我跟了出去。感觉明明就在附近，但兜兜转转绕了好几圈也找不到入口。正当我摸不清头脑的时候，两个女孩子骑着自行车走过来。

我说我想去德哈夏提运动场，孩子们笑了起来：“我们也去，跟我们一起走吗？”孩子们爽快地邀请后，骑上自行车在我面前开始飞奔起来。两个孩子都光着脚丫，发丝随着微风飞舞。好漂亮啊！想拍下照片，却苦于正骑着电动摩托车。把车速放慢下来，好不容易如同耍杂技一般摇摇晃晃地掏出相机，对着孩子们的背影按下快门。这时，一辆黄色的校车映入我的眼帘。树林中出现一辆校车，这是多么

新奇的画面！环顾四周，周围已经停放了不少辆自行车。这里真的有运动场？虽然奥罗村整体是一片森林，但是这里尤其幽深，歪歪斜斜的林荫小道上一群少男少女在挥汗奔跑，每一个人都是一副长跑健将的样子，树林子俨然变成了一个马拉松赛场。奔跑的少年们汗水浸湿了后背，空气中弥漫着一股汗津津的味道。光脚丫的自行车少年也在这里！他们向我叫了起来。不一会儿，小小长跑健将们以及自行车少年们就消失得无影无踪了。

树林深处的绿色运动场！我像是从另一个世界里掉落来的爱丽丝，通过一条狭窄的通道，突然眼前豁然开朗，看见了一片广阔的草原，德哈夏提运动场就是这样出现在面前的。

一边是高中生们在玩着篮球，另一边是幼儿园的孩子们在老师的带领下做着集体游戏。再往前一些，又有一个如同足球场大小的运动场。这里到处都是充满活力的身影，或许该说是阳光，不，一定要用“光芒”才行，这些孩子在树林里的运动场上一闪一闪迸发出耀眼的光芒。

从1992年起这里开始开放，足球、篮球、手球、排球、体操、垒球、网球等体育设施一应俱全。不论是幼儿园的孩子，还是未来学校的高中学生，奥罗村里所有的青少年，每周五、周天下午3点45分到5点15分都要在这里运动1个半小时。六七岁的孩子在网球场上学习网球，10来岁的孩子在足球场上踢球，手球练习场上，学生在教练的指导下学习射门，幼儿园的孩子兴高采烈地玩着皮球。

有一次，我也很想尝试一番，于是便跑到了树林中的运动场。由于太久没运动了，跑了没一会儿，我便呼哧呼哧地喘着粗气，倒在了草地上。不知是不是晕眩的关系，躺在草地上遥望天空就好像站在别的星球上俯瞰地球一般，感觉真是奇妙。啊，我真该好好锻炼身体了！仰卧是我最喜欢的姿势，躺平了身子，呼吸渐渐平稳下来，让人心绪平静。胳膊和腿适度伸展开来，下巴轻抬，静静闭上双目，集中精神留意从头顶到脚底的身体部位是否完全放松，注意体会身体的某一个部位是否尚有些紧张。

任何一样事物的开端都是“发现”。为了发现我的身体，我需要集中精神，但却不能过分刻意。以最舒适的状态安宁地观察，然后发现，并且感受到我正在发现，缓缓地观察我的呼吸，与此同时，感受腹部的起伏，感受身体与呼吸之间微妙的节奏感，在节奏柔和的变奏与反复之中，感受我是在呼气还是吸气。渐渐度过了这个模糊的阶段，一团团缠绕在一起的疑问，就像宇宙黑洞一样占据着心头。静静地，为了发现而集中注意力。吸气，我诞生了，呼气，我死亡了。就这样，我仿佛看见了我的生死，诞生的那一刻也伴随着死亡，死亡之后又是一轮新的诞生。哦，阳光！不论生与死，都值得感谢。

在奥罗村里，所有的人一律平等，没有垂直的阶位排序，没有职位高低之别，没有上司，也没有下属，没有老资格，也没有菜鸟，没有人拿比别人更高的工资。

哪怕步履迟缓，只要齐心朝前走

要想成为奥罗村村民，不需要任何特别的资格。正如奥罗村妈妈与最初的奥罗村人梦想的世界，这里不会在意你的民族、肤色、身份、地位，只要你渴望成为奥罗村人，便足够了。

希望在奥罗村生活居住的人，一般要经历三个阶段。第一阶段是以游客的身份来到奥罗村观光游玩，在这些游客中看过一次就离开的人占大多数，但也有重新回到奥罗村的人。经过几次往返奥罗村的过程，有些人便会渐渐产生成为一名奥罗村人的渴望，于是开始办理申请事宜，这便开始了第二个阶段。这时需要与申请入住工作组进行面谈，只有确定你确实是一个适宜在奥罗村居住的人之后，才会为你签发居留签证，你才有资格成为奥罗村的新人。经过这种形式的申请后，你便可以真正在奥罗村生活，可以全面参与奥罗村里的 切生活活动。在此期间，个人对社区有所贡献的同时，也可以参与有助于个人成长的各项活动。可以加入既有的活动小组参加他们的活动，也可以自己提出新的提案，开始一项全新的事业。这一切，都需要与负责申请入住工作组进行商议，并要获得最终许可。新人期间，积极参与社区里各式各样的活动还会获得特别的嘉奖。只要顺利度过新人期，

EACEFUL

并最终通过申请部门的考察，那么便可以正式成为一名奥罗村人。申请入住的审核并非十分严格，只要在新人期间不给共同体带来太大的麻烦，得到大家的信任，大部分人都会通过审核获得入住资格。相信人心向善的奥罗村特点决定了它的“OK”来得似乎比较容易。

在奥罗村的集体运营模式下，“我在这方面还不错”的自信是推动集体决议等事情发展的动力。在奥罗村里，所有的人一律平等，没有垂直的阶位排序，没有职位高低之别，没有上司，也没有下属，没有老资格，也没有菜鸟，没有人拿比别人更高的工资。所有领域的工作都受到同等尊重。

奥罗村里所有的事项都要经过集体讨论，通过了才能付诸实践。村里的各式工作组承担了这里的教育、森林、农业、开发、医疗保健、村落规划、文化艺术等领域的工作。奥罗村新人可以根据自己擅长的领域，选择参加原有工作组的工作或是自己创建新工作组开始新的工作。

几年前发生了一件值得玩味的事情。不管在哪个社会，从事与“人事”相关工作的人都比较有“架子”。申请入住工作组负责审核每一个希望到奥罗村生活的人是否适合在这里生活，主要由在奥罗村长期居住的居民组成。但在几年前，这个工作组解散了。因为有人认为这

个工作组的组员太过傲慢，渐渐地，许多人同意这种观点并形成合力，最终申请入住工作组的组员被全部更换。

奥罗村里重大事情的决策在一票否决制的原则指导下进行。奥罗村居民的居民大会一般在圆形广场上举行，提出议案的村民担任主持。居民总会不设议长，因为奥罗村是一个没有身份、地位差别的社会。随着人口的增长，一票否决制的操作难度也越来越大。有人提出，这样的原则会推迟事情的决策，耽误事情的发展，但现在奥罗村仍然采取一票否决的办法，一是因为有人认为大多数人投票通过的方法事实上并不够民主，二是因为持有“太过迅速的发展未必有意义”的观

点的人也不占少数。许多人认为，虽然一票否决制不够迅速，但是因为能够考虑到所有人的意见，并促使大家向一个方向靠拢，这样的进程虽然缓慢，但却可以看作是具有奥罗村优越性的民主节奏。我们不是经常沉浸在“少数服从多数就是民主”的错觉中吗？少数服从多数容易产生隔阂，排斥掉一部分群体，而在这些群体心中容易埋下怨恨的种子。我的眼里突然浮现出几个北美印第安人为了让一个方案得到全体成员的同意，不惜连续熬几个夜晚，不停地游说，不停地游说的情景。

人们守护着树，守护着花儿，守护着野生的孔雀和鸟儿，甚至有人守护着这里的蛇。

一切事物，皆有守护

好不容易起个大早出门散步，却又迷了路，绕了好一会儿。忽然，看到一位如我一般壮实的印第安女人在树林里走动，我想，这个女人应该是在采蘑菇吧。季风期过去了一段时间，但偶尔还是会下雨。这种时候，人们脸上挂着讶异担忧的神情，不安地望着天空。在这里，人们也一样对变幻无常的天气感到忧虑。在这里，人们也能真切地感受到，整个地球如同生了一场病一般。我记得很小的时候，一场大雨过后，我们会跑到后山上采摘可以放到面条里当佐料的蘑菇。所以一看到印第安女人时，我自然而然地想到，她是在采蘑菇。可是，她分明是在擦拭青草叶片……宁静的清晨，在那个女人的头顶上，阳光像是一张织好的网一般轻轻垂落下来。

一个擦拭着青草的女人！她擦拭的不是公寓阳台上种养的兰草，而是在擦满是树木和青草的树林里根本不起眼的藤蔓草叶子！走近那个女人，她似乎感受到了我的动静，抬起头来，两人视线交接。一时间，女人冲我灿烂地微笑，之后又转过身擦拭叶子，我突然感到有一种出奇平静的气息在她周围萦绕。这时，在我的眼帘里映入了女人

正在擦拭着的叶子，昨晚下过雨，不知是谁脚上沾了泥而不小心踩到它们，又不知是谁昨晚骑了摩托车从这里疾驰而过，总之，藤蔓草的叶片完全翻倒在黄土里，现在我理解了女人正在做的事。早起出门散步的女人，大概听到了这圆溜溜、翻倒在黄土里的藤蔓草叶子说的话了吧。“你看你看，我都摔到黄土里了，真倒霉！一会儿太阳出来了我还得进行光合作用呢，但现在这样我连喘气都困难。要不，你帮我擦一擦？”听到了这样的一番话，女人哪能拒绝这样的请求一走了之呢？

那位擦叶子的女人，恐怕要晚一些才能做早晨冥想了。我带着微笑，离开了这片树林。沿途的风景虽然不会言语，但是足以让人沉醉，而被人守护的风景则更让人感到幸福。奥罗村里，人们守护着树，守护着花儿，守护着野生的孔雀和鸟儿，甚至有人守护着这里的蛇。有人设置了雨水收集处，有人创建并运营着应有尽有的音像资料保管室，只要是村落里需要的事，一定有人在默默地做着。今天还遇到了呵护草的人！这样的清晨，怎能不让人欣然微笑呢？

对了，还有人专门看管饮用水。

太阳能餐厅的后院有谁都可以来打的洁净水。这不仅仅使奥罗村人受益，周围村落的居民也能够来这里取饮用水，大家都可以不必担心饮用水的问题。这一点让我觉得非常新奇。在印度旅行时，确定饮用水的安全卫生是各项注意事项中非常重要的一件。要想喝到安全的水，只能掏钱购买矿泉水（即使是买来的矿泉水，也常常听说有人饮用后拉肚子）。

不知是谁把太阳能餐厅后院的水龙头用瓷砖装饰得十分精美，在这里我可以得到足够的饮用水，真是让人感动。一开始由于担心水质的安全，问了很多次才最终得到确认（我努力展现外国人的忧虑和诚意）。第一次喝下这里的水之后，我立刻莫名地安心下来。怎么说呢？这水甜丝丝的，让人有种强烈的感觉：它是安全的。我所居住社区里的水，水质过硬，口感比较“烈”，而太阳能餐厅的水则完全不是这样。

我后来才知道，太阳能餐厅的水是由奥罗村的一家水业集团供给的。这家水业集团长期致力于研究污水净化系统，现在研发的家庭净水机已经远销欧洲市场。这里生产的净水机要经过4次过滤，如果问机器的过滤效果有多好，听说甚至能把海水完全净化为淡水！更让我为之惊叹的是，水业集团认为经过净水处理之后的水已变为死水，于是他们又开始着手研发“救水”技术。他们向净化过的水里加入光和音乐，于是让“死水”得到了新生，奥罗村里使用的水就加入了奥罗村妈妈的音乐。竟然还有用音乐给水注入生命的方法！每当喝着太阳能餐厅的水时，我仿佛都能听到奥罗村妈妈的声音，这水也就变得格外清甜。现在，我正喝着这样的水。

水业集团的工作人员一直强调，好的水质对于提高人类生活品质有着重要的意义。他们制造出每小时可以净化 5000 升的大型净水机，为奥罗村的 40 多个共同体和太阳能餐厅提供用水。另外，听说他们还为印度其他的缺水地区赠送净水机。知道这些故事之后，每次我到太阳能餐厅取水的时候，都会对这“被守护的水”心怀感激，然后毕恭毕敬地行个礼，打开或是关上水龙头的时候，双手合十。

奥罗村商业团体生产的物品出售后的全部收益都捐献给奥罗村。村里的部门团体都不是私有制，是为了方便奥罗村以及邻里街坊而存在，他们挣钱的目的不是为了谋取一己之利，而是为了改善大家的生活。因为“大家”之中包含“自我”，因此对大家有益的事自然对自己有益。在奥罗村里，将个人努力换来的利润转化为集体所得是最自然的经济理论。到底将多少利益献给集体？每个人的情况有所不同，但也有将全

部个人所得都献给集体的人（当然也有斤斤计较，精于算计的人）。

直到20世纪90年代中期，对于商业团体的评价还不够乐观。随着商业协会所提供的工作岗位日益增多，对奥罗村经济的促进作用日益增强，成为提高自给自足能力的动力来源，人们才渐渐意识到商业团体的意义，商业团体的数量也随之增多起来。奥罗村现有各种各样百余个部门团体，将他们收益的30%捐献给了奥罗村（奥罗村内部的规定时常变化，所以数据有一定的不准确性），但这也不是强制性的规定。

"宇坡萨纳"是我很喜欢的一个品牌，它是奥罗村里的一家服装公司。宇坡萨纳的经营者乌玛是一位智慧美丽的年轻女人，只要看看她的脸蛋，便会感到心情愉悦。宇坡萨纳与奥罗村的另一个品牌"玛露玛"在欧洲市场上知名度比较高，有比较稳定的销路，收益可观。宇坡萨纳除了工人的工资和福利外，所有收益均捐献给奥罗村。乌玛与她的丈夫（一位非常有才能的程序设计师，名字我忘了）非常节俭，不舍得为自己多花一分钱。他们说自己没有孩子，也没有太多的需求，只要有歇脚的地方，不至于饿肚子，穿得暖和就行，除此以外还能有什么需要的呢？是啊，还有什么需要的呢？人们偶尔能看到他们穿着干净整齐的衣服在静思殿的广场上静静地散步，冥想一般。

在这一瞬间，他们的脸上写着无所求的满足，仿佛是奥罗村妈妈“经济不是为了满足欲望，而是为了实现意识的成长”理论的最佳体现，从这般平静无所求的表情中所散发出的能量，足以让每一个人为之感动。

乌玛认为，奥罗村的经济是既不破坏自然又乐于分享的经济。她还指出，棉花生产是服装公司生产服装的基础，但印度地区的棉花生产过程中过量使用农药，她现在正在摸索并寻找有机农棉花的生产企业。

奥罗村的经济可以看作共产主义与资本主义的结合，这就让我想起作家若泽·萨拉马戈。他曾发问，人类是否能够真正实现共产主义？这里，人们在共同生产各取所需的共产主义理想经济形式上，嫁接了商业团体这样的资本主义生产方式。目前为止，商业团体所筹集到并捐赠给奥罗村的资金，已经成为奥罗村运营的重要资金来源。每个人挣来的钱，一部分用于自己的日常开销，余下的钱便积极主动贡献出来推动共同体的发展。在这里，人们的价值观决定了不是为了个人吃好穿好而挣钱，人们不会出于私心的驱动而去参与经济活动。这样的思想如果用韩国社会的思维来看，让人吃惊，且不是社会的一种进步。

在这里不乏为了奥罗村的持续发展和成长发光发热的人，他们

KEY CHAIN POUCH
Lilith

坚定的意志，辛勤的劳动，真可谓是全身心的贡献。当然，也不能说所有的奥罗村人都有这样的思想觉悟和献身精神。每个人的灵魂层次不一样，奥罗村里人们的生活方式也千差万别。这里也有与村外世界一样以一己私利为先的奥罗村人。作为一个游人来看，奥罗村里至少有一半的人严格遵循着公有经济的原则生活。

这样说来，那剩下的一半呢？每个人的生活方式都是自己选择的结果，只有自己才能对自己的生活负责。我该如何在奥罗村里生活，这也完全取决于我自己的抉择。或许有的人认为既然别人做出了贡献我就顺便搭个便车，或许有的人认为我希望享受自己劳动带来的成果。我们通常在帮助了别人、感受到自己的价值之后会发自内心地感到愉悦和幸福。如果不能发现并享受这种愉悦，那么这样的生活或许该说是不幸的。每个人的心中自会有答案。

孕育我们的子宫是圆的，孕育着生活的蛋也是圆的，太阳是圆的，月亮也是圆的，一切圆润的事物都象征着生命力！现在的世代即将远去，下一个世代继往开来，生命的过程就是这样……

人生是一场游戏

夜深了，书桌角上，窗户那边，分明有什么东西在闪烁着，吓了我一跳。在这里生活期间，我很快便适应了深夜里的各种声响，但这绿幽幽的光亮是什么呢？仔细一看，这绿色的光亮还在移动着。我把脸贴到窗户上定睛打量，哦，原来是萤火虫呀！

你没有别的朋友吗？为什么只有你一个？再叫几只一块儿过来吧！但从始至终，只有这一只小东西。它似乎也知道只有自己在发出光亮，于是并没有逗留在某一处，而是从上至下，从左至右地移动着。神秘的小萤火虫，用尽全身力量，努力地绽放光芒，这只萤火虫好似一颗小小的心灵。

韩国有句俗语：一口井打到底。

只打一口井，成功的概率相对会较高。随着医学的发展进步，人们的寿命也在不断延长，只打一口井，会不会心生厌倦呢？如果说有哪种行业不会一口井打到烦，我想应该是艺术领域吧。说得更坦率一些，如果只挖掘艺术领域中某一部分的“井”，我想也会有厌倦的一天，所以才常常会有跨界艺术作品的出现吧。由此看来，对于人们来说，一口井打到底其实是违背人类本性的一句口号而已。

既然一口井打到底不是件容易的事，那么就该三心二意、左顾右盼了吗？人们不由得又担心起来。我欣赏同时能享受多种生活乐趣的活法，不论怎样活，都不会离艺术太远（对他们来说，艺术就是氧气）。画画儿的农夫，玩音乐的渔夫，一边是教师一边是摇滚人，一边是木工一边是宗教人士，一边是发型师一边是电影导演，一边是清洁工一边是大提琴手，这样的例子不绝于耳。

“安定”一词同时也带着停滞的意味。

安定的生活让人感到安逸，同时也会让人精神世界的提升受到阻碍。人的精神容易腐坏，也容易被世俗的贪腐侵蚀。虽然知识和技

术日益增长，但人们却容易失掉生活最初的心跳。探险是与生活中的倦怠做斗争的手段，是值得一辈子为之奋斗的领域。

在我看来，去一个城市旅行，应该待上 1 个月左右的时间才最适宜，如果待更长的时间，便会渐渐产生安定感，失掉新鲜。熟悉的街道，熟悉的小店，熟悉的方式与对话。有人偏好安逸的生活，有人偏好心跳的生活，我是后者。

奥罗村里的大多数人都从事着好几项工作。若是问到你是做什么工作的，人们便常常需要掰开手指细数开来。做面包、修水管、整理庭院、木工、银行助手、青少年社区顾问……只要是感兴趣的领域，许多人都乐意去挑战，去学习。

最初的英语教师，由于对印刷术产生兴趣，便重新经营起已经停业关门的印刷店。突然某一天又对心理学有了兴趣，经过一番学习研究，便到奥罗村医院干起心理咨询服务的工作。随着对篮球的兴趣日益变浓，学习了篮球教练课程，便组建起一支少年篮球队，一起玩篮球。

过一段时间，又开始沉迷于地形研究，于是加入了奥罗村城市规划委员会开始新的工作……这些都算不上什么新鲜事。奥罗村人都尽可能多地参与到各项工作中去，他们将挑战和尝试各种工作当成一种乐趣。人们做着自己感兴趣的工作，同时努力让此项工作有助于共同体，将工作和生活完美地融合。一生中，不断地学习、调整并充实自己，是奥罗村人永葆青春的秘诀。当然，这种生活也是建立在奥罗村特有的社会经济体制上的。

能享受工作中的乐趣，懂得娱乐的人是幸福的。现代人面对的各类问题中，在我看来，不会娱乐是其中很大的一个问题。不会享受生活乐趣的人们，将网络游戏当作消遣。积极的游戏是人类幸福感的重要来源，看看那些沉浸在欢乐游戏中的孩子的表情吧，他们才是最懂得幸福地游戏、在游戏中自己创造幸福的人。艺术便是最好的游戏，是一种丰富人类精神和灵魂，给人类指点出路的游戏。

静思殿庭院中使用的肥料是韩国人 P 先生制作的。他每每自称是“做肥料的人”，脸上总带着灿烂的笑容。那笑容里，写满了作为

“做肥料的人”所特有的自豪以及对工作的热爱，闪耀着心灵的光芒，显然他很清楚地明白他所从事工作的价值。我曾经去过一次他的作业场地，草割了之后堆积在一起，为了更好地发酵成肥料，还要捆绑起来。除此之外，在作业场地的另一边，他正在制作蚯蚓肥料。蚯蚓翻过的小土堆真是可爱，他把几条刚翻过土的蚯蚓抓来让我看：“好看吧？”“当然！”从生下来便从来没有给谁添过麻烦的小蚯蚓真是好看极了！P先生要把几条蚯蚓放到我的手上。啊！我不由得惊声叫喊起来，并且拼命甩开手，但紧接着，便感到深深的惭愧和内疚，不知道我夸张的动作有没有伤害到蚯蚓，真是感到抱歉。太不好意思了，一下子还没适应……“对不起。你们很好看，真的好看……”头脑里觉得蚯蚓是美的，但是身体上还没有完全建立起这样的认知，我的修行功力还差太远吧。哎，P先生才是真正觉得蚯蚓美吧！他在做肥料的空隙里，时不时看看野花，然后把这些微小的美丽都记在心上，不知哪一天，他便开始画起画儿来（之前他在韩国从来没有在任何市民团体里画过画儿）。或许是出于对那些偶然出现在割下来做肥料的草堆中的野花的愧疚吧，他的画儿里透露出对人类“有用”而做出贡献的所有生命的感恩。他用墨和毛笔在纸上作画，涂料是纯天然的石彩颜料，他画的野花特别朴实，透露出浓郁的自然气息，很好地表现出大地上细微事物的美丽。一个制作肥料的人，凭借着他对大自然细微之处美感的发掘，创作出这么富有艺术表现力的作品，让我非常佩服。

如果将工作当作游戏，学会从工作中享受乐趣，才会自然而然地产生这般艺术灵感。事物的深处都蕴含着神圣意识，于是做肥料的人才会开始画画，才会创作出那些野花的作品，美丽了奥罗村的角落。

P 先生的妻子 H 女士在韩国曾是一名药剂师，来到奥罗村的时候自己带来了针和线。做针线活时，一针一针往前缝的过程，她称之为“召唤”。不加入任何个人意志，精神放空，聆听自己内心某种能量的召唤，然后跟随着行动，这便是她的“针线活冥想”。多么贴切的说法！这样潜心做着针线活的同时，或许自己都没有感觉到，曾经的伤痛已不知不觉愈合。针线活既是一种宁静的劳动，又是一种艺术的形式，同时还兼具冥想和治疗的功效。为了分享针线活所带来的能量，H 女士偶尔会开展一些兴趣活动。她将针线包以及生活中一些小物件都视为生活的艺术，乐于创造生活中的幸福，并把这样的工作当成可爱的游戏。她身上穿的衣服都是自己亲手制作的。别人丢弃的废旧布料，她收集起来做成世间独一无二只属于自己的衣服。她尤其注重手触摸衣服时的手感，非常喜欢韩国的棉麻面料带给人的舒适感觉，她希望用这样的韩国面料来表现处在奥罗村的心情。她每天吹一两次箫，吹箫也是一种散发内心光芒的冥想和瑜伽，照料家人的心愿也是一种冥想和瑜伽。我曾经问过她，在每天的生活中什么时候最感到幸福。她说，都很幸福……再思索一番，她说，在静思殿前脱换袜

INTERACTIVE
ART EXHIBIT
Please
paint something
beautiful

子的时候（在进静思殿之前，游客都要在门前换上这里提供的白色袜子）。她继续补充，因为这个时候心里没有任何杂念，只剩下单纯地想要贡献的念头。这样的想法在黄昏时分得到更好的共鸣。人们总是因为自己、家人、爱人而感到幸福或是不幸。不记得从哪里听到的说法，人们因为所爱的人，产生想要拥有一切的欲望，担心不能如愿而感到恐惧，一旦果真不能如愿便备感挫折。爱，是幸福的源泉，也是不幸的种子（世间一切事物皆有两面性，我们应该学会认识这样的两面性，努力使其向幸福的一侧倾斜。为了拥有这般智慧，我们需要在日常生活中不断审视和冥想）。不知是不是谬论，一般人总是不断地祈盼着什么，但事实上，人们无所祈求的时候才最幸福，H 女士便深知这样的幸福。在韩国，H 女士算是一位家庭主妇，如果说得文雅一些，是一位生活艺术型的主妇。

萨拉西加是一位曼陀罗画家，她原本在韩国学习美术专业，却在印度成了一名有名的曼陀罗画家。在奥罗村里，她更是一名大有名气的韩国籍曼陀罗画家。奥罗村人非常期待她的美术展以及曼陀罗小组活动。

纤细的身材，晒得黑黝黝的脸庞，说她是印度人也不会有人怀疑。她的眼神清澈，仿佛蕴藏着特别的能量，艺术家的身份对她来说简直再适合不过了。第一次去她家的时候，她正在准备美术展，所有的物品在画室里整齐地陈列着。我一下子便觉得这个房间太合我的心意，实在太惬意了。我坐到她睡午觉的床垫上说："我真喜欢这里，可以偶尔来这儿学习一下吗？"她毫不犹豫地回答（我们只是刚刚认识）："为什么不行？随时欢迎！有什么需要的尽管开口，任何时候都成！"

人们在最初相识的时候，一般都会对对方产生最初的判断和猜测。内心世界单纯透彻的人，看着对方时的眼神单纯正直，让人感到愉快。虽然是初次见面，我们却一边共进午餐一边聊着天，感觉就像是在韩国一样，舒服极了。正说着准备美术展的事儿时，她的眼睛忽然一亮，说谁谁谁要来帮她演奏，谁谁谁要来帮她布置展厅，一时间听到了好多朋友要来的消息。聊着聊着，她突然一本正经起来，艺术家在弄展览的时候，别的艺术家不也是经常过来帮帮忙嘛，其实我们的灵魂世界也是如此，彼此投缘，自然就会有话题。或许哪一天，你开了第三场展览，我去帮帮忙。啊，原来是你啊！就这样，艺术家们互相帮助，圈子也就越来越大了。

也许人们会觉得这样的故事很是古怪，但这的确是我们的初次相识，自然地聊天，开心地大笑。她指着房间里的画作耐心地为我作说明。我留意到她房间里放着一幅印度女神萨拉斯瓦蒂的图片，前面还焚着香，她说她祈祷着在奥罗村里能够获得更多艺术创作的灵感。萨拉斯瓦蒂是印度神话中掌握智慧与艺术的女神。屋子里的香气淡淡地流淌着。我原本便对女神很感兴趣，此时的我更是情不自禁地站在萨拉斯瓦蒂像面前双手合十，祈祷着让我增添一些创作的灵感，写出更多对世间有益的作品。萨拉西加看着我的样子，在一旁温暖地笑着。

她开始给我讲述10年前她来到奥罗村的故事。冥冥中，她总是觉得自己的根不在那个国度，于是开始流浪，找寻自己的根。她说人生就是一次长长的旅行，在旅行中寻找，最后，她终于找到了。因此，她对奥罗村妈妈充满着感恩之情。

10年前，她来到奥罗村的时候，并没有马上开始她的艺术生活。她渐渐放下了自己雕刻家、艺术家的身段，以一个新人的身份从事了4年园艺师的工作。那些日子，她的内心获得了无比的宁静，用她的话说，那是“颠覆一切”后的宁静，一切归零，一无所有。在这样的心态下，她一边整理着庭院，一边为共同体的安定祈祷。随后她找到了栖身的住所，渐渐地回到了艺术生活的轨道中，成了奥罗村里一名曼陀罗画家。

这里本是她根之所在，她是那样深爱着这里。她说如果她死了，火葬之后愿化作一捧泥土，消失在奥罗村的土地中。她对韩国的爱也是灼热的。她在奥罗村里唯一一次感到十分缺钱的时候便是孩子上大学的时候，那是她人生中第一次感到如此渴望金钱，甚至有些手足无措，她太希望将孩子送上大学了。这时，为她解决燃眉之急的是韩国。

没有买颜料的钱，只能用墨汁作画，最终她在韩国举办了首次曼陀罗画展。画作也像是通人性似的，所有作品全部售出。如今她每两年回国举办一次画展，与韩国的艺术家作最朴素的交流。她说，她一直接受着祖国的恩情，却苦于不知如何回报。

她每天早晨和傍晚烧两次香，拜三拜。第一拜，献给具有神圣意识的老师；第二拜，献给包括儿子在内的未来一代；第三拜，献给包括自己在内的所有同人。她说，之所以画曼陀罗也是因为希望借此寄托她对所有人幸福的祈愿，也希望人们在欣赏曼陀罗画的时候能够分享这份平和与喜悦。我想她的祈祷是奏效的，因为在我们身上，她的祈愿正真切地应验着。感谢这种在我们看不见的地方为我们祈祷的力量！

她画的曼陀罗，有着韩国的味道，有着中国西藏的味道，有着印度的味道，有着宇宙的味道，也有着奥罗村和奥罗村妈妈的味道，包罗万象。她画的曼陀罗像卵一样呼吸着。我们最终都将回到宇宙的怀抱中去，对吧？孕育我们的子宫是圆的，孕育着生活的蛋也是圆的，太阳是圆的，月亮也是圆的，一切圆润的事物都象征着生命力！现在的世代即将远去，下一个世代继往开来，生命的过程不就是这样……在这圆一般的循环之中，人生就是一场游戏，每个人都要活得尽兴，对不对？为什么不呢？

镜头在正前方凝视着她，她用各色的发带扎着头发，在镜头面前跳舞、表演、唱歌，就像一位表演艺术家用镜头记录下的一场艺术摄影展。

去笑吧，去跳舞吧，我就是艺术

在巴拉尼巴斯里，举办了一个名为“我就是艺术（*I am Art*）”的摄影展。摄影作品的作者是一位来自斯里兰卡、名叫塞列丝汀的奥罗村老村民。我去看摄影展的时候她没在现场。这次她举办的摄影展展示的全部是她本人的照片。镜头在正前方凝视着她，她用各色的发带扎着头发，在镜头面前跳舞、表演、唱歌，就像一位表演艺术家用镜头记录下的一场艺术摄影展。摄影展里有“我们”的影子，“我们”的喜怒哀乐，“我们”的祈祷，“我们”的期盼，通过“我们”这面镜子，为人们推开了一扇门。虽然不是高级设备拍摄出来的照片，也没有高级的冲洗技术，不能放在华丽的相框里作展示，但却有种强烈的魔力，让人不禁驻足欣赏。

作品里充满艺术家的思考，让我无比沉醉。更重要的是，在摄影展上，我遇到了一位让我印象深刻的女人。

我围着圆形的回廊一边走一边欣赏照片，看到一位金发女人驻足在一张照片前纹丝不动。她站着，我走动着，于是我们就相遇了。她正在哭泣，脸庞上静静地淌下两行热泪。这时，她感觉到了我的存在，连忙欠欠身子让出位置让我通过，并且不好意思地笑了一下。当我们两人视线交会的瞬间，我看到了她眼中闪烁着晶莹的泪花。她用颤抖的声音对我说："我太失礼了。"这是什么意思？我停下了脚步。"我之前一直认为奥罗村里不需要塞列丝汀这样的人物，因为总觉得她在伪装艺术家的身份，一心认为她会坏了奥罗村的精神，对她排斥已久。"虽然是没头没尾的对话，我还是听完了她的话。"不过……她真的是个艺术家啊……我之前的判断是错的。"

突如其来的内心独白让我有点仓皇失措，第二天我在画展上遇到了另外一个奥罗村人，这才知晓了这个故事的来龙去脉。

那个女人的确讨厌塞列丝汀。塞列丝汀刚来到奥罗村生活的时

候，在巴拉尼巴斯庭院里用彩带包住树木，那个女人觉得她放着奥罗村需要的工作不做，顶着艺术之名尽做些荒唐的事，实在是个不知分寸的女人。但是，这次她看了塞列丝汀的摄影展后受到强烈触动，才说出了昨天那些话。我想，这其中应该还有不为人知的故事吧。不管怎样，她终于承认了塞列丝汀的确是位艺术家。

我后来听说，塞列丝汀这次的摄影展得到了奥罗村财团提供的筹备基金。在这样的支持下，塞列丝汀开办的摄影展感动了许多奥罗村人。总的来说，我的看法是这样的，塞列丝汀是奥罗村培养起来的艺术家，她追求人类灵魂的进步，同时她也是一名在奥罗村里实现了艺术上进步的奥罗村艺术家。

塞列丝汀说，是奥罗村让她的艺术创作获得了现在的成就。在她的摄影展上，处处都有这样的话语：去笑吧，去跳舞吧，我就是艺术！

世上那么多的钱财都去哪儿了呢？其实在这块土地上，只需要做一些微不足道的投资，便能够换来丰富的成果了。

文化艺术如空气

在奥罗村里，我人生中第一次欣赏了长笛演奏会。在韩国，我是肯定不会去听长笛演奏会的，所以在奥罗村里听到的长笛演奏是人生的第一次，也有可能是最后一次。第一次听到的长笛演奏会是在扁樱桃厅举办的。当时，附近的居民提议，在居住环境的周围需要建设一些文化设施，这一呼吁得到了大家的响应，于是居民们齐心协力，经过很长一段时间，终于建成了扁樱桃厅这样一个文化会馆。奥罗村里的一切事务均是前人栽树后人乘凉，“后人”也不会止步于“乘凉”，而是努力再为后代创造更好的条件。奥罗村里照顾老弱病残的设施不是特别完善，但是在扁樱桃厅里却备有专为残疾人设计的轮椅通道。

第二次听长笛演奏会是在西藏展示馆里。奥罗村城市规划中分 4 个区域，其中国际区域汇集了各种文化特征，是为实现人类和平相处之目标而设置的一个展示馆区域。这些展示馆也是一定意义上的文化馆。在这个区域里，目前为止已有 3 个展示馆，印度风格的巴拉尼巴斯展示馆、中国西藏展示馆以及美国展示馆（美国展示馆的正式名称叫作“联邦展示馆”）。该区域以巴拉尼巴斯展馆为中心，按大陆位置呈圆形排开，兼顾了统一性和多样性。据说，这些建筑得到了各国政府或是企事业单位的支援，至今已有 15 个国家驻印度的大使对此表示感兴趣，具体的支援方式目前正在筹备之中。那么韩国呢？最近韩国社会对于印度经济活动方面十分关注，认为印度是潜在的合作伙伴，但是文化艺术方面的交流却少之又少，接近于空白。当今时代，与任何一个国家进行交流，都不可能只着眼于经济利益而脱离文化艺术方面的交流，否则成功将无从谈起（虽然形势有变好的趋势，但文化艺术还是处在比较容易被忽略的角落里）。

中国西藏展示馆是我在奥罗村期间经常去的地方，我很喜欢这

里宁静的氛围。这是奥罗村里最早产生的展示馆。中国西藏展示馆的建筑是完全对外开放的，虽然有三层，但是整个建筑显得比较低矮。最下面一层用作展示、开研讨会或是学生们学习的空间，这里大大小小的房间均是开放的，有资料室、图书馆等设施；第二层是宽敞的开放式冥想空间；最上面一层是客房。在资料室和图书馆里，人们可以查阅到关于西藏文化的资料。在展示馆的中庭还有潺潺流下的泉水，发出清澈的声音，一进到这简单的开放空间，人的心情瞬间变得安宁祥和。虽然不敢肯定，但是大致也能想象到，建这样的一幢房子事实上花不了多少钱。它不像韩国的建筑工艺那般繁复华丽，仅仅是一座连暖气都没有的最简朴（或许该说廉价）的房子。

像中国西藏展示馆一样，这里也应建起一个韩国展示馆，推而论之，如果在奥罗村里居住的 40 多个国家的居民都将自己国家的文化艺术在这里展示出来，那该有多美妙！这里是能够享受文学、艺术、音乐、电影、戏剧等文化艺术形式的地方，是能够了解与掌握世界各地风情的地方。近年来韩国经济迅速发展，我们便自以为在世界上有了知名度，而实际上世界对韩国的积极评价尚且比不上印度。而在更高层面，对韩国的地位评价也只停留在一个发展中国家的定位——这样的事实，也许只有我们还蒙在鼓里吧。世界范围内对韩国的正面评价较少的很大一部分原因就在于文化艺术宣传力度的缺乏。

我在奥罗村期间，韩国人举办的有影响力的展示会有两场，都是在中国西藏展示馆里举行的。深受奥罗村人喜爱的曼陀罗画家萨拉西加在中国西藏展示馆的中庭举办了画展，开幕式上，会场被挤得水泄不通，许多不同领域的艺术家也赶了过来，他们认为，萨拉西加的曼陀罗作品不是她个人的，而是为了祈祷所有人的平和与幸福所作的画作，加之伴以优雅的音乐欣赏，更是让人感动陶醉。专用野花“做肥料的人”P 先生也举办过一次画展，他用墨汁在韩纸上作画。透过那些小巧而朴素的花朵画作，奥罗村人仿佛感受到了大自然母亲那最原始的和平，心灵也便为之撼动。在画展附属的体验活动中，P 先生的太太 H 女士为来看画展的人准备了韩国茶。西方人通常会认为茶文化是源于日本，但是品尝了韩国茶之后赞不绝口的样子实在是让人心头一热。J 小姐原来学的是产业设计，曾经在国会议员办公室中做过一段时间文员，但是觉得自己不适合从政，便来到了奥罗村，当上了一名幼儿园教师。她在上大学的时候曾经参加过韩国民俗面具舞和民谣小组，学习过一段时间传统文艺。韩国代案学校的学生几年前访问奥罗村时，还特意向 J 小姐学习了面具舞，一群人在一起玩得很开心。J 小姐笑着说，等时机成熟后，她非常想给奥罗村人展示韩国传统的驱煞舞。奥罗村里充满了文化艺术的气息，真是让人感到心旷神怡啊！

坐在中国西藏展示馆的中庭，我常常会想象起韩国展示馆的模样，然后脑子里就会浮现出曾到访过韩国的法国“太阳剧团”艺术家雅丽安 · 莫努徐勤。如果能将她深爱的韩国传统“四物游戏”搬到奥罗村来表演该有多好！“太阳剧团”团员那么热情学习的面具舞、板索里、民谣、国乐演奏如果能在这里上演该有多好！我最爱的女神皮娜 · 鲍什访问韩国时那么盛赞的韩国舞蹈，如果能在这里观赏该有多好！韩国那些制作精良的电影、纪录片、《牛铃之声》《大地的女人》《警戒都市》等，如果能在这里上映该有多好！把韩国的俞真圭先生邀请过来，将韩国的民俗哑剧放在这里表演该有多好！韩国年轻的戏剧人在这里演出，乐队在这里演奏，在韩国展示馆里还应该设置图书馆，摆放上用英文、法文、德文或者其他语言翻译好的诗集和小说，供参观的游人借阅。但这世上那么多的钱财都去哪儿了呢？其实在这块土地上，只需要做一些微不足道的投资，便能够换来丰富的成果了。

12月的最后一天，中国西藏展示馆里举办了“烛光夜”活动。

从院子入口到中庭，每一层的阶梯一直到室内都被2011支烛花（蜡烛和烛台）照亮着。每个房间里都用西藏特色的图案装饰着，圆形曼陀罗灯并不大，将每个房间照亮。在藏传佛教的诵读声中，听着梵音真言，大家开始进入冥想。人们说不出这里从什么时候开始有这样的“烛光夜”活动，不知什么时候起，人们在中国西藏展示馆中自发地将蜡烛和烛台摆放于此，之后这样的仪式受到越来越多人的喜爱，于是在每年12月31日，人们便自然而然地一直保持着这样的传统。大家从四面八方赶到这里，一些听到消息的游客也纷纷参与到了这样的仪式中。

有的人坐在房间内，有的人坐在中庭里，还有的人坐在楼梯上，大家散坐在烛火之中，凝望着烛火，在一片沉默和肃穆中冥想，然后起身离开，随后到来的人继续坐在离开者的位置。就这样，人群静静地更替，人走了，位置空了，人来了，填补了位置。不知不觉夜已深，准备的蜡烛都燃烧殆尽，一年的最后一个晚上也便拉上了帷幕。可是，谁是那个整理残余蜡烛的人呢？谁又是那个把这样的事情当成自己想做的工作来完成的人呢？……

Sonam Gyatso was the first to bear the title of 'Dalai Lama'. Visiting the Lake Kokonor area, he met Altan Khan, the Mongol chieftain in 1578. The Khan bestowed on Sonam Gyatso the title 'Ocean of Wisdom' or 'Dalai'. The Dalai Lama died later preaching in Mongolia.
The birth of Yonten Gyatso in Mongolia as the grandson of Altan Khan, helped to firm up the connection between Mongolia and Tibet. On his return to Tibet, he became a disciple of the Panchen Lama Lobsang Chökyi Gyaltsen who ordained him. However, till his death in 1617, the Drukpa School was still prominent in Tibet.

不论何时，记住自己最初的梦想，每天每时每刻提醒自己、唤醒自己，如果缺失了自查，那么不知不觉中，我们便不再是生活的主人，而是生活的奴隶。

理解，还是误解

奥罗村是许多人好奇又向往的地方，同时也是存在着误解的地方。我也常常思考，我是不是正在成为误解奥罗村内涵的一分子。一提到奥罗村，许多人便会将之与“乌托邦”一词联系起来，但是在奥罗村里却从来没有一个人把奥罗村当成乌托邦，并且还会讶异地反问：“为什么说是乌托邦？”奥罗村仅仅只是一个做梦的过程，不管是理解还是误解，都是外部的解读。

就像世界上任何一个地方一样，在这里生活的人们也要面对柴米油盐酱醋茶这些日常琐事。许多人申请到奥罗村来生活，能适应这里的生活并幸福生活着的人不在少数，但并不是所有奥罗村人都是幸福的。这其中包括离开这里的人，以及离开了之后重新回归这里的人。

在奥罗村里长住的人早已习惯了这样的情况，有人离开，有人回来，或许不知哪一天再次离开，而最终留在这里的人们会渐渐地将奥罗村哲学一点一点向前推进，他们身上的乐观品质是这块实验田一直需要的土壤。

奥罗村拥有较为理想的体系，拥有许多幸福触感灵敏的人，但同时也存在亟须解决的问题。奥罗村的实验和内部进化的修行推进得并不顺畅，有少数奥罗村人在这里生活得像那些在摩登时代里悠闲地住着别墅、享受着各式免费服务的人一般。一些有钱的欧洲人在社区里修建了过于豪华的住宅，让人觉得隐隐产生了某种威胁感。在发达国家出生的人们，把自己那因财富而生的虚荣心一起带到了这里，似乎给这里朴素的人们也带来了某种伤害。

有一些人对共同体的事务几乎是没有什么参与热情的，这样的人群大致可以分作两类：一类是境界很高的，只潜心于自己修行的隐士们，他们几乎从来不参与共同体的事务，只是想找一个清静的角落静静地修行，尽一切努力将奥罗村的灵气化为自身修养和成长的养分；另外一类则是完全不参与共同体的事务，并且对共同体的每一件事颇有腹诽的人。

室利·奥罗宾多的行动瑜伽是奥罗村精神中的重要组成部分，体力劳动和脑力劳动之间到底应该怎么平衡，也是矛盾点之一。在奥罗村居住生活的外国人，主要从事可持续发展能源的开发以及各式各样与生活息息相关的生态实验和研究，或者从事艺术创作等脑力劳动。相比之下，奥罗村里从事体力劳动的主要是从周围村子里雇用来的村民。从做家政服务的保姆，到产业园区的劳动者，以及建筑工地的工人，从事单纯体力劳动的人大部分是附近的泰米尔人。在追求精神和肉体共同进步的奥罗村里，竟然在脑力劳动和体力劳动上也存在着这样的差别，这不能不说是一个问题。这样的问题也时常让我百思不得其解。

当然，如果从泰米尔人的立场上来看，在奥罗村里从事体力劳动所获得的报酬会比在印度别的地区所获的报酬高而且稳定，能在奥罗村里获得一份工作也不失为一件幸事。

某一天，我在静思殿前遇到了一场游行示威。奥罗村里也有示威活动？我的耳朵立刻竖了起来。原来静思殿的一处工程即将竣工，工人也即将面临失业，于是焊接工人联合起来发起这场游行示威，呼吁继续为他们创造工作岗位。在财政能力并不宽裕的奥罗村里，如何解决这样的雇用问题，也是让人颇为头疼的。

奥罗村最大的问题还是如何成为一个自给自足的城市。无论是从奥罗村整体来看，还是从居住在奥罗村的村民个人情况来看，奥罗村目前的经济结构都太脆弱了。单身或是没有子女的夫妻在奥罗村里工作和生活尚不构成太大的问题，但是有子女的家庭在奥罗村里生活则比较困难。如果不是进村子之前尚有一些积蓄的话，许多奥罗村人会在一年之中选择几个月的时间回到自己的祖国工作，来补贴一些生活费用。

由此看来，奥罗村人或多或少地感受着经济上的压力（金钱的威力是多么巨大啊！即使是在这追求精神富足和思想进步之地，人们也能如此真切地感受到金钱的强大作用力）。如果只从具体数量上看，奥罗村人生活费用的压力与韩国相比那是太微不足道了，但是对于在这里生活的人们来说却是一份不小的压力。

最能让人切身感受到的经济压力首先就是在准备添置一处住宅的时候。在七八年前，奥罗村结束了定居不久便可获得一处住所的历史。这是由于随着居民的不断增多，村里的住宅也日益紧张，加之印度物价的飞涨，奥罗村已不再有能力提供所有的生活条件。现在只有能够预付建房费用，或者能够证明自己确有足够的经济实力的人，方能获得奥罗村的入住许可（奥罗村的规则在过去40年中总是在不断变动，这样的趋势大概也会持续下去）。如果不制订这样的规定，住房问题恐怕会越来越严重。但与此同时，也有反对的声音发出："这样一来，没有钱的人不是不能住到奥罗村来了吗？这样的奥罗村怎么还能称为奥罗村呢？"这样的呼声当然是源自人们最初建造奥罗村时的本意，但在目前奥罗村财政能力不充裕的现实情况下，这的确是难以实现的想法啊！

对于这样的提议，人们也积极地做着改善。例如，有人提议即使没有钱，也应该为那些年轻人提供居住的处所，直至他们独立。拥护这项提议的人们着手筹备了特别基金，并建造了房屋，无偿提供给年轻人居住。据奥罗村人透露，虽然有预付款制度，但事实上收不到太好的实施效果，因为奥罗村的一大特点就是善良的意识决定了做事情的变动性、通融性较大。没有一分钱却真正热切渴望在奥罗村居住生活的人们，只要展示出足够的真心，总有一天会获得在奥罗村居住的资格和住所，现在如此，将来也会如此。在这里，“真心”比什么都重要，人们习惯用一颗真心去感受并接纳另一颗真心。

另外一种情况也能同样感受到经济上的压力，就是前面所说的面临孩子上大学时的问题。物质虽然匮乏，但注重追求内心丰富的奥罗村人对此不会在乎。可是当他们的孩子即将进入美国、澳大利亚、欧洲等地的大学时，他们便会因为昂贵的学费负担而头疼起来，因为在奥罗村里生活，若想攒点积蓄基本是不可能的事情。于是很多人选择回到祖国工作来赚取子女的学费，也有一些夫妇其中一人留守在奥罗村，另外一人回国去挣钱。

面对这样的现实，当然要寻找妥善解决居住问题和子女上学问题的对策，以消除村民们经济上的后顾之忧。但是在目前奥罗村财政能力不足的情况下，一时也难以找到好的对策。所以在今后相当长的一段时间里，这个问题会一直困扰着奥罗村人。有人曾批判，来自外部的支援已经破坏了奥罗村的独立性，但另一方面也说明了奥罗村所追求的理想世界需要一个坚强的后盾作为支撑，薄弱的经济基础也是一定程度上造就今天困难现状的原因。怎样解决这一矛盾，是一个重要的实验课题。

开发热潮带来的各种弊端也同样困扰着奥罗村。随着知名度的提升，奥罗村周围的印度人居住地及城市绿地的价格不断激增，奥罗村已无力购买更多的土地。由于慕名而来的世界各地游客的不断增多，奥罗村周围的开发也是难上加难。更让人无奈的是，奥罗村周边的沿海地带也被印度的富人们全部买下了（富人就是不一样）。如此看来，现阶段奥罗村的城市规划已遇到如此巨大的阻力，可以想象的是，今后难免会雪上加霜。

新年的一天，我突然非常想去看看日出。在太阳能餐厅吃晚饭的时候，我和别人说，要不明天到利普斯海滩去看日出吧？话音刚落，马上听到了这样一则消息。

前一天，在纽克莱社区附近发生了谋杀案，死者 2 名！要去利普斯海滩则一定要经过艾丝皮莱，而要去艾丝皮莱则一定要经过纽克莱社区。听说近期如果有谁要经过纽克莱周围的区域，一定要打的才行。这到底是什么状况？怎么会在奥罗村里发生谋杀呢？！我曾经去过纽克莱几次，两天前还在那里看了一场叫作“土壤艺术”的摄影展。

谋杀案件发生在奥罗村原住民居住的村庄里，据说是由于村里两个敌对的黑帮势力火并而发生的冲突（纽克莱社区与这个原住民村子紧挨着）。又听人说，在两三年前也有类似的事件发生，黑帮组织还有人因此蹲了监狱，当那些人从监狱里出来的时候，就是新一轮报复的开始，于是类似的事件便接二连三地发生。如果有无辜的路人刚好处在事发现场的话，就会有祸从天降的危险，所以这种时候一定要万分小心。听说还真有一名意大利游客不幸被卷入黑帮冲突，最后死于非命。

在听到这个消息的那一刻，我的看日出计划便立即取消了。朋友们都劝我别去了，这种时候还提什么看日出！（虽然在韩国每天都会听到谋杀、偷盗、强奸、自杀等新闻，也并不会因为此类消息而感到特别紧张，但在异国他乡，我却不由得谨慎起来。）与谋杀事件同样让我感到惶恐的还有另外一件事，那就是这里并不常见的偷盗事件：某个社区里的一户人家被打劫得精光；电动摩托车停在太阳能餐厅门外时，车主把一些杂碎东西放在车上，一眨眼的工夫，就消失得无影无踪；贵重物品一定要特别留心保管等。每每听到这样的故事或是警告，我便感到特别惊讶。这真的是奥罗村吗？慢慢深入了解情况之后，便发觉这些现象不是那么难以理解。奥罗村是一个开放的共同体，谁都可以在这里自由出入，于是也无法限制周围原住民村子里"不速之客"的自由来去。野外的一些设备但凡值些钱的也都被偷个精光，

甚至连加拿大展示馆周围特意围起的一圈铁链也都被盗走，现在只能放置一些非常沉重难以挪动的石头，因为只要是能拿得动的东西都会被搬走，所以才会用沉重的石头来替代。这样的现实与印度整体的贫困现状是分不开的，短时间内恐怕难以寻找到解决的良方。如果说奥罗村的贫困是人们为了追求精神世界的提升而导致的“自发性贫困”的话，那么附近村落的贫困则接近于绝对意义上的贫困，随之产生的偷盗行为是用体罚或者别的处罚手段也难以消除的陋习，这是奥罗村今后一段时间也将面临的问题。

在如何与泰米尔原住民共同生活的问题上，奥罗村内部也进行

着诸多尝试。村里甚至还有人将如何与原住民共同生活当成了自己的平生梦想而做着不懈努力。

安德烈应该可以被算作是其中的一个代表人物。他经营着纽克莱社区的游客中心、餐馆以及秋千工厂，他将所有的收入全部捐献出来为泰米尔人建造学校，为他们提供免费受教育的机会。

另外，他还经营着一个教育中心，为在印度男权社会中，遭受着深重的压迫、不公平对待以及各种暴力的 5 ~ 22 岁女性提供一个喘息的地方。

农药问题、垃圾问题等也深深困扰着奥罗村。尽管奥罗村已形成了严格的垃圾回收和再利用体系，并且不使用农药和化肥，坚持环保型的有机农业生产，但是周围的原住民村落则完全没有这样的概念。东南亚、中国以及印度，正像我们的20世纪70年代一样，热衷于使用化学性食物调料，农药、化肥也是如此。奥罗村的腰果树是纯粹的有机生产，但奥罗村绿地外原住民村庄的腰果树则完全被农药覆盖。到了喷洒农药的季节，浓重的刺鼻气味熏得人头疼。如果到了刮东南风的季节，市郊的垃圾焚烧场在焚烧垃圾时，烟气会随风飘散到奥罗村，空气会变得非常糟糕。虽然奥罗村有许多树木，但也不能将这大量的污染气体完全净化。提到垃圾回收再利用问题，泰米尔人尚不能理解这些问题的严重性。

这所有的理解，或是误解，当下都很难下一个准确的定论。

为了一个“结论”，许许多多的人聚集到了这里。这是一个实验室，一个正处在向着目标航行状态的实验室；这又是一所开放型学校，一所还存在着许多难题的学校。人们带着饱满的热情，为解开这所有的难题而聚集到了这里。现在，有更多充满好奇的年轻人正涌向这里。奥罗村里出生的孩子们到了外面的世界接受大学教育，学成之后，为了实现改革奥罗村之梦重新回到了故乡这片热土。迎接孩子们回归的是大人脸上更加欣慰的微笑，父辈们年轻时怀抱着变革之梦重新回到这里，如今他们在这里又盼到了回归的儿女子孙。奥罗村就这样一点一点地变革着，不曾停息。只要有一颗善良的心，这里可以允许你进行任何一种实验，这里欢迎有实验精神和改革精神的人们。在解决这些问题的过程中，自身的修为也会得到提高，从而实现彼此的和谐成长。每每看到这些乐观向上的人，我总是感到格外欣喜。

奥罗村人不认为自己正在创造最完美的共同体。若是问到奥罗村的教育优点是什么，老奥罗村人会告诉你：不该说是优点，而该说是不同点。从这样的态度中，我们便能读出些什么。世界上并不存在所谓完美的事物，也没有哪一个地方能够提供完美的幸福与平和。无论在哪里，都只能自己去摸索、去寻找自己的人生。如果刻意追求完美，压力便会越来越大。享受不完整，其实是一种着眼于发展和成长的能动性态度。认识到不完满乃是人生最具自然状态的人，才会脚踏实地、一步一个脚印地经营和改变自己的生活。

所以，奥罗村正用它自己的姿态寻觅着解决的方法。外面的世界强调的是通过征服他人来实现自身的成长，是一个弱肉强食的世界。与之不同的是，奥罗村强调的成长是对自身的反省。因此，这里比世界上任何一个地方都更注重自省。在这个尚无定论的实验田里，按照外面世界的标准妄加评论、妄加命令，都是不可取的。果实既然是我们自己享用的，那么农田就该让我们来打点和整理，最后才能收获让我们满意的果实。

人应该按照自己的想法活着，不然则会被生活所钝化。我的脑海里突然回想起年轻时曾在日记本扉页上写下的话语：“不论何时，记住自己最初的梦想，每天每时每刻提醒自己、唤醒自己，如果缺失了自查，那么不知不觉中，我们便不再是生活的主人，而是生活的奴隶。”能够在奥罗村的一隅生活，我感到知足。我那么喜爱奥罗村的原因，是这里的人们让我感动。他们挥洒着汗水，努力创造一个与既有世界不一样的生活秩序，他们是那么真挚地努力着，他们的真挚之中所包含的善良与情谊让人为之动容。

公有制、集体所有制以及私有制，是奥罗村里共存着的经济形式。我也十分好奇，这样的实验在 10 年后、20 年后会变成什么样？人类自己创造的这样一个社会体系到底可以走到哪一步？

人生是一次神秘的航行。一个人对另一个人说，是你改变了我的人生，这是一种什么样的意味？

你改变了我的人生

下面要回到奥罗村最初的故事上来。

在奥罗村的日子里，我遇见过许多非常有魅力的人物。这其中，最能让我感到内心强烈震撼的两个人就是奥罗卡秋和徐拉达班。她们两位老奶奶是第一代奥罗村人，年逾古稀却仍心灵手巧。我本人非常欣赏美丽老去的女人，因此也不排除这个因素多少对我产生了一定的影响，但是客观地说，这两位老人确有让人感动的力量。虽然与她们会面的时间非常短暂，但也许正是这短暂的会面才给我留下了深刻的印象吧。

这两位老奶奶都与奥罗村妈妈有过直接的接触。当我向奥罗卡秋打听奥罗村妈妈时，刚一提到奥罗村妈妈的名字，她的脸上瞬间焕发出灿烂的光芒。“当然，我们见过面的，妈妈改变了我的人生。”她这么说着，没有多余的修饰。听到这样的话，我完全可以想象妈妈对她来说是多么的重要。徐拉达班是一位十分理性的英国女人，她与妈妈并没有太过激情的碰撞，只是在合理的思考过后，妈妈的思想渐渐融入了她的生活。奥罗卡秋是奥地利人，徐拉达班是英国人，两个西方女人从遥远的异国他乡来到印度南端度过她们的晚年时光，不得不惊叹妈妈的影响力之大。这位引导她们燃烧自己、开始一段奉献人生的奥罗村妈妈，究竟是怎样的一位人物？我很好奇。

人生是一次神秘的航行。一个人对另一个人说，是你改变了我的人生，这是一种什么样的意味？我想跟随你走过的路，想为你的事业献身，这样的相遇，这样的事业，应该值得被祝福吧！究竟如何打开人生这件“礼物”，每个人有不一样的选择。对微小的幸福心怀感激，平凡地度过一生，还是竭尽毕生精力投身于自己想做的事业？这两种人生，都是上天赐予的特别礼物，哪一种生活方式更好，谁都难以断言，只是生活的方式不尽相同罢了。不管选择哪一种人生，都应全情地投入，这才是最重要的。

1968 年 2 月 28 日，在南印度泰米尔纳德邦科罗曼德尔海岸上，人们聚集在荒凉的海滩上，阳光耀眼，尘土飞扬。随后，电波里传来音乐声，以及在本地治里室利 · 奥罗宾多修道院隐居的妈妈的声音，语音比较模糊，如同梦幻（这时，我已经听过许多次妈妈的声音了，刚开始听的时候有些费力）。此时的妈妈，已有 90 岁高龄，行动不便，于是只能在修道院里发送祝福的信息。妈妈念诵着奥罗村宪章：（红色）奥罗村不属于某一类特定人群，它属于全人类。因此，在奥罗村的土地上生活，需要怀抱着神圣的意识，愉悦地奉献。

奥罗村是一片强调学无止境的土地，是一片强调可持续发展的土地，是一片永远不老的年轻的土地。

希望奥罗村能成为一座连接过去与未来的桥梁，将奥罗村内部与外部的微小发现串联起来，转化成实现理想蓝图的动力。

奥罗村致力于体现人体的一体性，为了实现这样的目标，这里需要进行一系列物质与精神的探究。

妈妈用不太清晰的声音说着上面的话，这与奥罗村的网页上“如果你对进步抱有渴望，对更高追求的生活抱有热情，那么请到奥罗村来吧！奥罗村欢迎你们！”如出一辙。妈妈的话让印度 23 个州、世界 124 个国家的青年男女代表，把他们从自己国家带来的泥土倒入圆形剧场白莲模样的罐子里，这便是梦想的开始。

如果看过奥罗村最初时期的照片，便会感叹那时的奥罗村真的是片寸草难生的荒芜之地。红色的土地上，除了寥寥几棵扇子椰、几棵橡皮树和一棵菩提树外，再无他物。所以，现在绿树成荫的景象足以让我为之震撼，就算不能上升到“灵魂进化”这样玄妙而缥缈的高度，仅仅是在荒芜之地上长成的这片树林，也让人感慨万千。

1954 年妈妈做了一个梦，14 年之后，奥罗村开始迈出了第一步。大概所有的事情开头都是如此吧，迈出第一步总是这样艰难，历史进

程就是这样缓慢地向前推进着。这个关于人类的一体性与渴望进步的梦想，造就了这样一个国际城市，并且一点一点成长起来，吸引了无数如我一般爱“做梦”的客人。就这样，40 年的时间过去了。

初到奥罗村的时候，我对妈妈并没有太浓厚的兴趣。许多人对旅馆和一些公共场所中四处张贴妈妈的照片感到很难适应，不过我却还好。在印度，无论走到哪里，都能轻易看到各种神的图片、雕塑，与其说这是一种宗教氛围，倒不如说这些已经成为印度人生活中不可缺少的一部分。无论在奥罗村的任何地方，总能见到那里的主人敬重的神像，而对于这些神像，我是满怀敬意的（我把这些当成是印度文化的一部分）。不过遗憾之处是，奥罗村妈妈的照片要是能再出彩一些就更好了（妈妈虽然是个长相算不上十分出众的女人，但也有着充满魅力的面容。可是在许多照片上，完全感受不到她的魅力，我认为这一点不能不说是个遗憾）。一开始，我对人们一致深爱这个女人无法理解，随着我对妈妈和室利·奥罗宾多的了解逐渐深入、兴趣日益浓厚，不知不觉地我也对她产生了好奇心，不过却从未觉得应该为他们写些什么。但是在某一天，当我拥抱着静思殿旁边的榕树时，我突然对她、对奥罗村妈妈产生了无比热切的兴趣。

静思殿旁边的榕树，完整地见证了奥罗村是如何从一片不毛之地成长为现在的模样，这就是我爱这棵榕树的理由。我常常靠坐在这棵榕树下，想象着奥罗村人当时的心境。从世界各地来到这里的人们，将泥土集中到一起，在这奠基仪式结束后，留下来的人却只有 7 人。这些人与酷暑、饥饿做斗争，用勤劳的双手在这片荒凉的红色大地上埋下种子，培育树木。这些人，从种下种子那一刻起直到树木成林，一直守护着这片土地；这些人，为了建造出一个超越人种、阶级、民族的界限，不再有贫富之分的社会，自愿作出了牺牲。

我静静地坐在榕树下，轻轻地拥抱或是手掌触碰到树干时，便能够感受到一股温暖的能量。只是室利·奥罗宾多的一个念头，妈妈便着手去实践，而这里的人们为了成就这样的念头用尽毕生精力和血汗，最后终于建成了现在的村庄。我怀抱着榕树扪心自问：你究竟能把这里写成什么样子？

妈妈是对奥罗村第一代人产生重要影响并引导他们自发进行奉献的人。如果想要了解更多关于她的事情，那么一定要从室利·奥罗宾多的思想开始。但在这一方面，我是不甚了解的。我一直对印度的精神领袖非常感兴趣，例如甘地、巴韦、安培多伽尔、玛哈礼师，相比较而言，对于室利·奥罗宾多则比较生疏。在韩国，几乎没有什么关于他的报道，他的作品译本也很少。为了了解更多关于他的一些信息，我只能从侧面去搜集。奥罗宾多比甘地晚 3 年出生，在甘地去世后 2 年过世，几乎可以看作是同龄人，巴韦、安培多伽尔是在他们之

后 20 年左右出现的人物，而在韩国享有较高知名度的玛哈礼师比室利 · 奥罗宾多晚 5 年出生，与他同年去世。

刚来到奥罗村时，首先映入眼帘的室利 · 奥罗宾多与妈妈的照片让我感到十分有趣，两人的广告画似乎是为了赢得年轻人的关注，莫名地让人感觉有些奇特，也许这样说对奥罗宾多的信徒们有些失敬。《守护地球》这样的电影有一种 B 级文化的趣味（译者注：B 级文化即 sub-culture，意为大众文化），让人看得津津有味（单纯关于人类内在修为的进步与进化类型的故事很难让人产生兴趣）。

有一位男人，名叫奥罗宾多 · 高斯（“室利”是给德高望重的老师的尊称），1872 年出生于印度加尔各答，1950 年在南印度本地治里去世，《大英百科全书》中介绍他是印度先知、诗人、民族主义者。印度先知，听起来真让人好奇，不知是不是因为他预言了将会出现灵魂进化的人类的原因，这样预言是属于灵智领域的。奥罗宾罗在英国剑桥大学学习过西洋学，并研究过印度瑜伽及梵文，是一位进步的知识分子。位处高等种族的奥罗宾多，完成了英国式的教育后回到祖国，此时的印度正处于殖民统治之下，他并不愿意去做一位服务于英国的高级官员，而是积极从事着民族解放运动，他也因此受到了当局的囚禁，被关押在监狱里。身处囹圄的 2 年期间，他开始了灵魂方面的研究，出狱后，他离开了英国统治下的印度地区，到法国统治下的印度东南部本地治里开始了隐居生活，并把监狱里研究的学问与他自身独特的哲学有机结合并加以发扬光大，以此为业度过余生。

他的哲学思想不是简单地用一两句话就能够概括的，我对其中“人类是一种过度存在”的理论很感兴趣。人类在向物种金字塔顶攀爬的过程中，从未间断对地球环境的破坏，这是一件非常不幸的事。现在的人类已成为一种极度自我存在的物种，并且还将继续剥夺其他生物的生命作为自己发展的手段。但是乐观主义者却不这样认为，他们认为，人类还能获得更大的进化，现在只是一种并不完善的存在。

对此，奥罗宾多有这样的表述：“人类是一种过度存在，没有丝毫理性的底线。如果作为具有‘理性’的生物，人类并不应是自然界的支配者。虽然目前没有所谓底线，但是的确应该有一条坚守的底线，人类应该努力不逾越这条本该为之坚守的底线。”这是对人类抱有多么大希冀的想法啊！

还有一个女人，她叫米拉·阿尔法莎（1878 年生，比奥罗宾多小 6 岁）。1914 年，这位法国女人来到印度南端的本地治里，第一次与名叫奥罗宾多的修行者会面。刹那间，这位女人一眼便知晓了自己的命运，那就是这位名叫奥罗宾多的人会是她一生的伴侣。这是宿命的相遇！在英国殖民统治下的印度，本地治里是唯一受法国管辖的地区，而她是法国大使的夫人！当这位女人认定奥罗宾多将会是她灵魂的伴侣后，果断迅速地处理了相关事宜，与大使离婚并回到法国整理一切事务，然后飞到日本学习了关于冥想的功课，最后回到印度，成为奥罗宾多的伴侣。奥罗宾多也在第一眼便意识到了这个女人是与自己拥有相同灵魂的人，会成为他一生的伴侣。

之后的故事便能大致猜测一二，为了自我审察和灵魂修行，追求灵魂的进步与意识的进化，渐渐地，一个关于综合实验共同体之梦，也就是奥罗村之梦，便孕育而生了。

室利 · 奥罗宾多与妈妈共同的“神圣意识”究竟是什么，我无从得知。人类最大的敌人乃是人类自身，如果真挚地进行自我审视，人类的意识也会向着神圣的方向进化。对于这样带着强烈希望色彩的教义，我非常感兴趣。奥罗村从一开始便没有将“理想社会”的标签贴到自己身上，而是以一种未完善的姿态，表达着向完善方向努力的意

志。怀抱着人类意识进步的理想，却又不仅仅止步于相信人类一定会得到进化的乐观主义，这种精神鼓舞着世人。他们开始用一种前卫的姿态投入了实践，他们的实践，是我所见过的最大胆的乐观主义尝试。

妈妈与室利·奥罗宾多的关系有一些特别之处。在印度，男性一般占据主导地位，女性一般是辅助角色。室利·奥罗宾多一开始便认定了妈妈是与他具有相同意识的两个存在，而实际上，妈妈比室利·奥罗宾多有更加强烈的推动力，是她开始了奥罗村的创建之路。不知是不是受了妈妈的影响，这里也是一个女性权力比较突出的地方。在各个小组或是公共中心里，女性的力量较为雄厚，女性看起来生活得也更为幸福。

人们最尊敬的人不是父亲而是母亲，这足以让人产生强烈的神圣之感。“致我最敬爱的父亲……”“儿子有话禀告父亲……”与大部分宗教所宣扬的男权主义不同，在这里我们耳边更常听到的是“母亲”而非“父亲”。这样的说法，让人感到十分新鲜，倍加尊敬。

但是，妈妈也有劝诫。她说：“不要让我们的修行成为宗教。”最不佳的形态便是宗教化的态度——宗教与宗教之间相互排斥，妈妈显然很清楚这样的做法带来的压力。但是，所有宗教的创立者都不希望自己的理论成为宗教，宗教事实上都是在后来人的推动下所形成的。

我不清楚在奥罗村里有多少人将妈妈当成神圣的存在，但在我看来，深深热爱着妈妈的人要比认为她高不可攀的人更多。曾与她一块儿生活过的人们，因为十分爱戴并且怀念她，将她的照片挂满家里的每一个角落。做这样的事情对奥罗村第一代村民来说是自然而然的事，但是对于第二代之后的第三代孩子来说，妈妈就像是很久很久之前的故事，这样的变化在奥罗村里是被包容的。人们将自己印象中妈妈的图片制作得十分小巧，挂在适宜的地方。既然大家有着一颗希望去纪念的心，那么什么样的图片又有什么问题呢?

妈妈于 1978 年去世，比起与妈妈一同走过的 40 年时间，现在奥罗村里人们怀念妈妈、爱戴妈妈的氛围，似乎拥有更大的力量。

奥罗村里所有的建筑物中，放置奥罗宾多铜像的只有尘世树大楼，尘世树大楼是学习奥罗宾多的叙事诗《尘世树》的地方。当时在这里竖立铜像的时候，还曾经掀起不小的纷争。有人认为，铜像与奥罗村的气质不符。但是在奥罗宾多的叙事诗《尘世树》之地前竖一座铜像，又有什么值得非议的呢?在我看来，人们在追求某种物质的时候，最主要担心的是，会不会被这个物质束缚住，陷入教条的框架里。

室利 · 奥罗宾多作为印度众多伟大思想家中的一员，与别的思想家一同为探究人类本质、发掘人类善良的意志作了大量研究。

许多人在这个星球上出生然后死去，如果能多一些值得人们追忆崇拜并且可以学习的老师该有多好！大概是出于爱或怜悯吧，他们在地球上唤醒了那么多人，在这渐渐腐坏的地球上，拯救那些被物质夺走了平衡、疏远了关系的人们，为他们重新找回爱和希望。

突然想起了一个故事，这是我在研究有关奥罗村资料时发现的一个故事。法国作家韦尔贝尔在韩国被广为人知的是他的《蚂蚁》一书，同一时期他还著有另外一本书，名为《相对知识与绝对知识的百科全书》，在这本书里描写了一些关于奥罗村的记录。在书里有一段让韦尔贝尔诧异并且毫不吝惜恶意之辞的描写，让同样身为作家的我充满了不解。妈妈是法国人，妈妈所出版的作品中，法语作品占据很大部分。于是，很多读了妈妈著作的法国人，带上书打好行囊来到了奥罗村。奥罗村在建造初期条件十分恶劣，在这里无怨无悔地献身的人中有很多都是法国人，也就是所谓的法国嬉皮士（六八革命后，全世界范围内刮起一股由尚未成熟的年轻人主导的理想乡建设热潮，这一事件与这股风潮不能说毫无关联）。在这样的情况下，不知哪里来的怪异的狂热宗教集团，所叙述的奥罗村面貌成为韦尔贝尔笔下的记录，这让我不禁对他的意识形态和身份背景产生了一些好奇。

我所感受到的奥罗村，仿佛是乘坐时光机器来到的一个另类空间。这里可以使用电脑，可以上网，但是时间却过得十分缓慢。在这个被竞争和速度支配的世界上，奥罗村给人的感觉似乎还停留在20世纪60年代末至70年代初，相信理想与想象力可以改变世界的信念一直支撑起这个地方。

在太阳能咖啡馆里躺着看落霞，有时听着风轻拂番木瓜树叶发出的沙沙响，有时听着外面雨点飘落的声音，我想起妈妈的话来："人类不是进步阶梯的最后一级台阶，还需要不断进化。人类虽然可以凌驾于自身之上，但要经常审视自己，要自己参与到这个进化过程中来。满足于现状的人，没有必要到奥罗村中来。"

灵魂进化要实现的目标是和谐，"一定可以进化成更好的人"这样积极的信念是这里发展的动力。我虽然常常会对人类以及社会抱有怀疑，对人类的未来也持有一定的批判态度，但我也认为当下社会的现状并不是不能接受。一边跳舞，一边战争，每次与朋友谈及这样的观点，我都是一笑置之。

妈妈的观点对于我们来说，或许是有些过分乐观的梦想。但是失去了梦想，我们便难以生存，失去了梦想，现实将会多么煎熬。如果失去了梦想，那么人类历史只能维持旧态，像是患上了癌症一样，时刻威胁着地球的安宁，而我们却只能眼睁睁地承受着这一切。所以，是该感到庆幸吧，世界上还有奥罗村这样一片试验田！如果在世界各地都开辟出这样的一片区域，去尝试着各种各样的实验，那么更多关于如何让人类世界变得更加美好的梦想都会开花结果！

ENGLISH

太阳能咖啡馆的屋顶上，一群小孩子一边嬉笑打闹一边玩着捉迷藏，周围有村民幸福地看着他们，视线是那样温暖。村民们一直这样看着孩子们长大，从很小的时候一直看着，到现在已经这么大了，这里孩子的成长像是大家共同养育的结晶，这里能为孩子们的成长提供最完美的保护。听着孩子们的笑声，我不禁做起梦来。年轻人，特别是追求艺术梦想的年轻人，应该多到这片土地上来看看，来实验，来发现，来创作，来嬉闹！以一个村民的身份，与来自世界各国的朋友一起生活，享受自由的人生。世界上真的没有比这里更适合观察、更适合玩耍的地方了！

在我的脑海和内心里，时常做着一个个鲜活的梦，我喜欢用做梦来度过时间，喜欢在现实世界里踮起脚尖向远方眺望，没有梦想我难以生活下去。人类想象出来的理想，描绘出来的蓝图，以及为了不让人类社会变得堕落而作出的各种努力，为了在现有资本力量控制下的地球上仍坚持自己理想所作出的努力……坚持做梦的努力和勇气让人感动。没有梦想，没有爱，人生还剩下什么？

我不喜欢所谓的尽自己最大努力去适应既有现实这种论调。在既有现实中尽自己最大的努力，最终也逃脱不了自我堕落的结局。

在既有现实中，应该保有革现实之命的清醒觉悟与姿态。人类历史长河是奔流不息的，而我们自己的人生却只有一次。我们所期待的世俗意义上的成功，说得简单明了一些，就是金钱与名誉。可是我们的经验或是别人的经验告诉我们，金钱和名誉并不是能给人们带来幸福的必要条件。虽然心里十分清楚，但是为了安全感，人们还是拼命追逐，直到死亡来临那一刻，才发现人生过得多么虚无。你想过怎样的生活？你希望没有梦想，走着安全的路，这样平淡无奇地度过一生吗？这是向来到奥罗村的游人们提出的问题。这里会问：我们为什么生活？现在的生活幸不幸福？这里还会问：我们可以为我们生活的这个星球做些什么？

我喜欢流动的生活，流动的状态是过得还不错的证明。如果没有现在这个瞬间，我们也不会到达下一个时刻。所以就在这一刻，我们把自己唤醒吧！

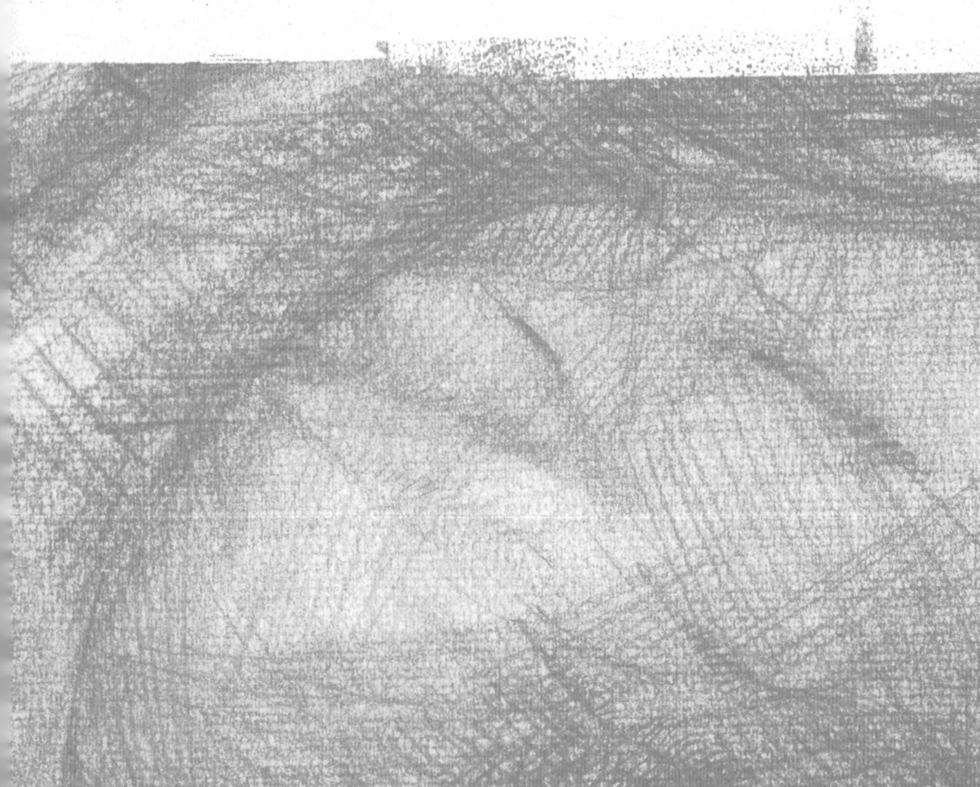

番木瓜里的番木瓜花香，以及一些随记

我一般会在充满阳光的房间里喝咖啡的时候，或是傍晚时分躺在床上无所事事的时候翻阅《新闻摘要》。为了不将报纸褶皱或是弄脏，我总是十分小心。每周翻阅奥罗村的各种报纸时（我在奥罗村里，基本上没有发现过浪费纸张的现象，在每家旅馆都有一份《新闻摘要》，许多人轮流传阅），有时会发出阵阵叹息，有时会忍俊不禁，有时会陷入沉思。

住房服务小组、农场小组等各个工作小组每周的报告、“奥罗村大会”最近的决议内容、近期最重要的事件排序等，事无巨细，皆需公示报告，征求村民的意见，或是请求村民的协助。

读了这样的通告，我常常会蠢蠢欲动地想要参与更多事务，以至于常常要对照确认我的日程安排。

一篇报道登载了印度市场上的面粉中含有大量铝成分，所以如果想吃面包或是曲奇，最好是在家里做。另外一则广告中，介绍了自己家中的保姆（一般将原住民保姆大妈称为 amma）需要找一份一周中工作两天的长期工作，广告中将她如何诚实如何体贴加以细致的描

述，并热情洋溢地推荐了一番。

萨达纳森林里为孩子们举办了一场循环利用活动，某个社区里举办短篇电影节，还会张贴出各个社区的消息以及物物交换的信息，跳蚤市场信息，失物招领启事，房屋修葺工招聘告示，各式感谢信公告，建议这样做、建议不要那样做的意见书，拼的士，旅行信息，健康相关信息，展示会或是文艺演出的信息，瑜伽、健康、料理、冥想、身体康复课程、舞蹈、美术、心理治疗、书法、植物种养、茶道、插花等十多个兴趣小组的活动信息，各式研讨会、论坛，印度教讲读、每天上映的电影信息等，可玩可看的实在太多太多，每天我都要打开日程本看上一会儿，举棋难定，然后不知不觉地哼起开心小曲儿。

这一份朴素的报纸不过A4纸大小，10～12页的篇幅，黑白印刷，用订书钉简单装订，却几乎涵盖了村子里所有有用的信息。韩国的报纸或者网络，虽然版面充实信息量大，但却不是关于我的也并非我能享受的信息，甚至是在我身边也并不一定会发生的事件。相比较而言，这样一份《新闻摘要》的信息则让人备感珍贵，是真正有用的信息。

《新闻摘要》是周报，是名副其实的奥罗村新闻传播载体，而一个月发行一期的月刊《今日奥罗村》则是关于奥罗村的评论。《今日奥罗村》取材于奥罗村民的日常生活，开设有很多有意思的专栏，用批判的视角评说奥罗村的现状与未来。每一期杂志都刊登有对奥罗村现有问题进行深入剖析并提出改进建议的文章，这对奥罗村的建设起到了积极作用。

阳光和煦、微风徐来的慵懒下午，我躺在床上，读着《今日奥罗村》，渐渐感到阵阵乏意，不知不觉打起瞌睡来，脑海中却时常浮现出这样的文句："我喜欢流动的生活，流动的状态是过得还不错的证明。如果没有现在这个瞬间，我们也不会到达下一个时刻。所以就在这一刻，我们把自己唤醒吧！"这些文句在我的午梦里已经变成了流淌的旋律，而我也在梦中弹奏起了西塔琴。做梦是我的擅长，在梦里我已然回到了韩国的青春时代，那个爱做梦的年代。

因为别人这么做，所以我也跟着做，这样的做法，真的要主宰你的人生吗？因为别人拥有着，所以我也希望拥有，这样的想法，真的是你的欲望吗？位置是有限制的，为了遴选一位胜出者，却需要淘汰 999 名不合格者，这样的规则，真的没有什么值得争辩的吗？为什么 999 人要围着只为一人准备的位置而周旋？为什么要让一个位置成为毕生追求的全部目标，而受到挫折的人要带着这次失败的苦楚生活一辈子？难道不能尝试另外一种活法吗？我们不应该淹没在城市生活里，尽管冲破层层激烈的竞争，最后到达高处，却发现其实那里什么都没有。原以为"非我不可"的事情，到后来才发现没了"我"其实也并无太大差别。我们应该有别的活法，有别的梦想。邀上几位与自己志同道合的朋友，一起到农村去，一起到荒地去，一起到世界各地有趣的团体里，去体验另外一种人生。在清静的乡间田野，与朋友们三三两两开始一种全新的集体生活。

当下社会，道政府、郡政府、市政府平时为城市人口担忧，那么我们年轻人不妨向政府提出提供一定土地、房屋的请求，到农村去生活，从事一些可以挣到钱的农活，画一些画，听听音乐，写写文章，编辑报纸，跳跳舞，办几场演出，放映几场电影，这样的人生该是多么有趣。为了在首尔这样的城市生活，拼命打工挣房费、挣生活费，剩余的时间才能看小说、听音乐、画画儿、看电影，这样忙碌的理由究竟是什么？看起来挣钱与幸福仿佛是毫不相干的两码事，其实不然，人们应该在生活中感受幸福，但是在目前韩国首尔这样的城市里，这几乎是不可能的事。但是却为什么仍有那么多人害怕离开首尔呢？现在，除非是在落魄的情况下，很少有人会主动选择离开首尔。将首尔这样的畸形城市留给那些离不开它的人，同样的劳动分明可以创造出更大的价值，对我们来说，是时候开始做一个新的梦了。

我的午觉越来越有电视剧的感觉，每次从梦境中醒来，我总是回不过神。

生活中总是充满矛盾，但我们没有必要恐惧矛盾，出现矛盾是成长和成熟的必由之路。安定的生活没有魅力，静止不动的土地就像一块腐蚀的化石，没有矛盾，没有波澜，没有冒险。我们希望得到进步，渴望探险的激情，享受生活的愉悦，人生的趣味从矛盾中来，那么就勇敢面对矛盾，抛下一切恐惧吧！为了变得更加幸福，为了拥有更多的爱，享受人生吧！这就是奥罗村给予我的启示。

雨滴落在印度菩提树上，树叶摇摆着。那一边的榕树上挂着晶莹的水滴，透出彩虹般的光泽。打开窗，啊，我的番木瓜！挂满花和果实的番木瓜树，轻轻地摇晃着树干向我打招呼。我轻轻挥舞着手，

谢谢你！我给韩国的朋友写了信，信中是这样开头的：番木瓜的果实中透着番木瓜花的香味，花的香气能如此完全地渗入果实里，我着实吃了一惊。朋友啊，你给我的感觉就像是这沁人心脾的香气，祝福你，每天都能拥有花开的心情！

此刻，我想将一篇祝福的文章与读者们分享，它作为奥罗村之旅的最后点缀实在是再适宜不过了，这就是我挚爱的海伦 · 聂尔宁的著作《美好人生的挚爱与告别》中的文句，20 岁的我曾经无数次阅读的一页。

人生是你用所学知识建成的一所学校

你现在的生活，是一张没有翻过的书页

过去的时间已经腐朽，以后的时间也终会腐朽

你就是你的作者

人们总是情不自禁地热爱自己的祖国

但是为什么要受限于国境呢

为了让所有人都看见

请将你的思想放逐天际

像火一样地刻之烙之

以真相坦诚待之

像是世间只有一只耳朵倾听着

痛快诉说

以真相坦诚待之

你所做的一切后果都需自己承担

用这样的心态去行动

以真相坦诚待之

在求得神之佑护前

请让你成为一个有用的人

以真相坦诚待之

之后是惠特曼《草叶集》的序言：

……

热爱地球、太阳和动物，鄙弃金钱，

给每个乞求者以施舍，

给愚人和疯子以保护，

以你的收入和劳力帮助别人，

不要争论有关上帝的事，

对人民耐心而厚道，

不要对任何已知或未知的东西

或对任何一个人或一群人脱帽致敬，

同那些没有受过教育却感动过你的人，

同年轻人和家庭主妇们自由相处，

在你的一生中的每一年每一个季节，

在山川田野朗诵这些诗，

检查你从学校、教堂或书本上得来的一切知识，

抛弃那些侮辱你灵魂的东西

……

在奥罗村郁郁葱葱的树林中，遇见美丽的人们，留下了温暖和谐的回忆，现在，要给这些文字画上句号了。不过真正的旅行才只是个开始。

图书在版编目（CIP）数据

我就想去看看那幸福的人群 / (韩) 金宣佑著；周怡, 李道逵译. — 北京：北京联合出版公司, 2012.10
ISBN 978-7-5502-1035-6

Ⅰ. ①我… Ⅱ. ①金… ②周… ③李… Ⅲ. ①散文集–韩国–现代 Ⅳ. ①I312.665

中国版本图书馆CIP数据核字(2012)第229256号

北京市版权局著作权合同登记号 图字：01-2012-6474号

我就想去看看那幸福的人群
作　者：(韩) 金宣佑
译　者：周怡　李道逵
选题策划：北京磨铁图书有限公司
责任编辑：张萌
装帧设计：黄柠檬工作室
责任校对：邓新建

北京联合出版公司出版
（北京市西城区德外大街 83 号楼 9 层　100088）
廊坊市兰新雅彩印有限公司印刷　新华书店经销
字数 160 千字　880 毫米 × 1230 毫米　1/32　8.5 印张
2013 年 1 月第 1 版　2013 年 1 月第 1 次印刷
ISBN978-7-5502-1035-6
定价：36.80 元